TERESA ZUKIC

Von der Zärtlichkeit Gottes

TERESA ZUKIC

Von der Zärtlichkeit Gottes

Begegnungen, die uns Kraft schenken

HERDER

FREIBURG · BASEL · WIEN

MIX
Papier aus verantwor-
tungsvollen Quellen
FSC® C083411

© Verlag Herder GmbH, Freiburg im Breisgau 2016
Alle Rechte vorbehalten
www.herder.de

Satz: wunderlichundweigand, Stefan Weigand

Herstellung: CPI books GmbH, Leck
Printed in Germany

ISBN 978-3-451-31127-7

Inhalt

Teil 3: Mut zur Zärtlichkeit

Vorwort

Einen vollgepackten, nicht nur religiösen Versammlungs-
saal zum Lachen, Plaudern, Sich-Umarmen und sogar zum
Glauben zu bringen, das kann nur der liebe Gott selbst.
Oder auch jemand, der sich von ihm gebrauchen lässt. „Die
verrückte, kleine dicke Schwester, die verliebt in Gott ist."
So lautet das Motto von Schwester Teresa Zukic, in ihren
eigenen Worten. Diese Liebe sprudelt förmlich aus ihr heraus. Ob sie nach langen Reisen müde ist, in guten oder in
schwierigen Zeiten – sie kommt aus dem Schwärmen über
ihn nicht heraus, über den Gott, der ihr Leben geküsst und
seitdem auf den Kopf gestellt hat. Dessen ausgestreckte, er-
lösende Hand in diese gebrochene Welt hinein einen Namen
hat: Jesus Christus. In einer Gesellschaft, in der Gefühle von
Muffigkeit, Kälte und Langeweile Worte wie „Glaube" und
„Kirche" besetzen, definiert Schwester Teresa diese Begriffe
neu. Eine, die von Gott zärtlich berührt wurde, gibt diese
Berührung auch weiter. Und schreibt in ergreifender Weise
davon in diesem Buch. Ob in Begegnungen mit Menschen,
die mit Kirche nichts zu tun haben wollen, ob in der Arbeit mit den Kindern und Jugendlichen, die ihr besonders
am Herzen liegen, ob durch Mut machende Facebook-Posts
oder beim Kochen für ihre Kommunität: Schwester Teresa macht aus Glaube ein Abenteuer. Als ich sie bei einem
Vortrag zum ersten Mal erlebte, fühlte ich mich nicht wie
in einem Hörsaal, sondern wie in einem Wohnzimmer am
warmen Kamin. Ich lachte bis zum Umkippen. Es war aber
keine Wohlfühl-Predigt. Im Gegenteil – ich fühlte mich in
jeder Hinsicht herausgefordert. Manchmal leicht genervt.
Von Gott selber. Anderen Menschen vergeben, für andere
da sein, eigene Eitelkeiten und Ambitionen zur Seite legen,
mich Gott bedingungslos zur Verfügung zu stellen. Es ging
mir nicht darum, eine Dienerin Gottes zu verehren. Sondern

selber eine zu werden. Mich anstecken zu lassen. Selber berührt zu werden von der Zärtlichkeit Gottes, um andere zu
berühren.

Als ich die Texte dieses Buches las, überkam mich das
gleiche Gefühl wieder. Schwester Teresas Erzählungen sind
ein Paket göttlichen Sonnenscheins. Gelebte Theologie vom
Feinsten. Ein „Muss" für jeden, der in dieser finsteren, ge-
brochenen Welt ein kleiner Lichtstrahl werden möchte.

Nicola Vollkommer
Reutlingen, den 13.7.2016

Teil 1:

Überrascht von Gott

Sind Sie verliebt?

Vielleicht etwas provozierend, wenn eine Ordensfrau Sie das fragt, aber genau das frage ich Sie und gelegentlich auch mich selbst. Vielleicht ist es schon länger her, aber ich hoffe, Sie erinnern sich noch daran? Wenn man verliebt ist, hat man Dynamik, Esprit, man lässt sich verrückte Dinge einfallen. Wenn man liebt, hat man Angst, dass den anderen ein Regentropfen erschlagen könnte. Von so einer Liebe rede ich. Und wenn Sie sich jetzt wundern, dass ich als katholische Schwester Ihnen diese Frage stelle, dann liegt das einfach daran, dass von dieser Antwort sehr vieles abhängt. Unser Befinden, unser Denken, ja sogar die Kraft zum Leben.

Sich geliebt, respektiert und angenommen zu fühlen, ist wohl die wichtigste Energie, die uns zum Leben befähigt. Wenn jemand sich für Sie interessiert, Ihnen Wohlwollen, Sympathie, Wärme und Freundlichkeit entgegenbringt, kurz wenn er Ihnen seine Wertschätzung schenkt, blühen Sie auf. Denn Wertschätzung ist Grundlage seelischer Gesundheit. Er ist der „Schatz" unseres Lebens. Wertschätzung hat für mich ganz viel mit Zärtlichkeit zu tun. Zärtlichkeit – dieses wundersame Wort hat in meinem Leben immer mehr an Bedeutung gewonnen. Sie steht für Zuwendung, Hingabe, Liebe, Herzenswärme, Leidenschaft, Verbundenheit, Innigkeit oder Zuneigung. Ein zärtliches Wort, eine zärtliche Geste, ein zärtlicher Blick tun einfach gut. Es macht mich lebendig und, wie ich gemerkt habe, auch viele andere. Ich glaube, dass uns diese „Zärtlichkeit" in unserer Kirche verloren gegangen ist, in unserer Gesellschaft und in vielen Beziehungen.

Ich selbst musste erst wieder darauf gestoßen werden und das von keinem geringeren als unserem Papst Franziskus, den ich für einen ausgesprochen zärtlichen Menschen halte.

Wie hat dieser neue Papst mich bei seinem Antritt überrascht und fasziniert! So menschlich, so mutig, so anpackend und so normal, betrat er die Bühne der Welt und hat mich damals gleich verzaubert. Er bringt einen zum Nachdenken und er fordert heraus. Wie lange wartete die Welt schon auf diese einfachen, zärtlichen Gesten eines Oberhirten und wir Katholiken auf den frischen Wind, der die schlafende, müde gewordene Kirche aufrüttelt? Immer wieder findet er so starke Worte, dass ihm selbst Nichtkatholiken ihre Anerkennung zollen.

Doch dieser eine Satz von ihm hat mich besonders berührt und zugleich verwirrt: „Unsere Welt braucht mehr Mut zur Zärtlichkeit."

Wie meint er das? Was stellt er sich vor? Eine Kirche, die zärtlich ist? Und alle druckten seine Worte ab, angefangen von der Bild-Zeitung bis zur Süddeutschen, und selbst in der Tageschau hörte man es:

„Haben wir den Mut, mit Zärtlichkeit die schwierigen Situationen und die Probleme des Menschen neben uns mitzutragen, oder ziehen wir es vor, sachliche Lösungen zu suchen, die vielleicht effizient sind, aber die Glut des Evangeliums entbehren? Das Evangelium ist voller Feuer und lodernder Energie, aber was ist aus der Glut geworden. Warum entzündet sie sich so selten?"

Als der Herder Verlag mich dann auch noch mit der Bitte überraschte, ein Buch zu diesem Thema zu schreiben, war ich komplett geschockt! Das sagte ich auch meinem liebenswerten, geduldigen und einfühlsamen Lektor Simon:

„Was soll ich denn dazu schreiben – angesichts aller Missbrauchsfälle in der Kirche?" die für viele Menschen noch nicht abgeschlossen waren, auch wenn manche das gerne hätten?

Ein theoretisches Buch über die Zärtlichkeit kann ich beim besten Willen nicht schreiben. Ich kann nur über meinen ganz persönlichen Alltag schreiben. Das, was ich selbst erlebt, durchlitten, gefühlt und erfahren habe! Alle meine Bücher sind voller Lebensgeschichten.

Lange habe ich gezögert, mich auf das Projekt einzulassen. Ich hatte eine regelrechte Schreibblockade, auch weil sich eine andere, wohl existenzielle Schwierigkeit auftat: Wie sollte ich mir die Zeit dafür nehmen?

Während ich nun diese Zeilen schreibe, muss ich schmunzeln. Gott gibt Zeit, so wie ER alles in meinem Leben bisher fügte, und er brauchte nichts anders als meine Bereitschaft. Sein zärtliches Stupsen ließ den Plan aufgehen, und ich musste nichts anders tun, als mir die Begegnungen mit vielen Menschen ins Gedächtnis zu bringen und mir ihre anvertrauten Sorgen vor Augen zu führen.

Aus ihren Worten, ihren Schicksalen, ihren Verletzungen höre ich immer und immer mehr diese Sehnsucht heraus. Die Sehnsucht nach mehr Zärtlichkeit, mehr Zuwendung, mehr menschlicher Nähe, Liebe, Güte und Barmherzigkeit, weil sie genau dies bei ihren eigenen Lebenspartnern, in ihrer Familie, am Arbeitsplatz, in ihrer Gemeinde oder in der Kirche vermissen. Weil die Sorgen um ihre müd gewordene Ehe, den depressiven Partner, die kranken, überforderten oder verstorbenen Kinder, den ignoranten Chef oder verletzenden Kollegen, den resignierten oder manchmal auch überforderten oder nur faulen Pfarrer sie verzweifeln lassen. Ganz zu schweigen von dem politischen Wahnsinn, der Flüchtlingskrise und dem wachsenden Hass und Streit in unseren europäischen Ländern.

So viele Menschen sehnen sich nach einer Befreiung. Sie sehnen sich danach, ein einfacheres, liebevolleres und zärtlicheres Leben wiederzuentdecken, ein Leben mit mehr Würde, Wertschätzung und Respekt, in dem kein Menschen an seinem Wert zu zweifeln braucht.

Vielleicht haben wir vergessen, dass der eigene Wert nicht von den Meinungen anderer abhängt. Der Wert liegt schon in uns, und diesen Wert zu entdecken, zu schätzen, oder noch besser, unseren eigenen Wert zu erkennen, führt uns zur Selbsterkenntnis. Genauso wie es mehr Selbstbewusstsein schenkt, sich seine eigenen Stärken und Schwächen bewusst zu machen. Und manchmal können wir unseren Wert sogar fühlen, im Selbst-Wert-Gefühl. Menschen mit hohem Selbstwert können gar nicht anders als andere Menschen auch zu schätzen. Sie sind kontaktfreudig und weltoffen und oft auch beliebt. Warum aber scheinen so viele Menschen an MinderWERTigkeits-Gefühlen zu leiden? Fühlen sich ungeliebt, schwach, abgelehnt oder zweifeln ständig an sich? Lassen sich von jeder Bemerkung, jeder Kritik und Ablehnung aus der Bahn werfen?

Weil wir uns vielleicht insgeheim doch alle von Äußerlichkeiten und der Meinung anderer Menschen abhängig machen und glauben, dass andere für unser „Unglück" verantwortlich sind.

Und da kommt Gott ins Spiel. Er ist der absolute Spezialist im bedingungslosen Wertschätzen. Wenn es einen gibt, von dem wir lernen können, wie das geht, dann von ihm. Und ich habe entdeckt, dass es eine Menge Freude macht, die Spuren von Gottes Zärtlichkeit und Wertschätzung im eigenen Leben zu entdecken. Gerne nehme ich Sie mit in mein Abenteuer, mit Gott die Zärtlichkeit neu zu entdecken.

Du bist in Gottes Augen einzigartig und kostbar.
Für Dich hat er diese Welt geschaffen.
Was auch schief gegangen ist,
was immer Dein Herz bedrückt,
was man Dir auch einzureden versucht,
vergiss nie,
in Seinen Augen bist Du wertvoll
und ein Geschenk an die Welt.
Hab Mut, Du selbst zu sein.
Hab Mut, (wieder) glücklich zu sein.
Hab Mut, Gott zu vertrauen.

Das Wertvollste
in unserem Haus

Wieder in ein neues Hotel einchecken. Das dritte schon in dieser Woche. Allein die Tatsache, dass wir nach 14 Uhr noch ein Mittagessen bekamen, machte es uns sofort sympathisch. Nach dem Reinfall der letzten Nacht, in der ich – nach zweistündigem Stau – kein Auge zubekam und wieder einmal alles schiefgegangen war, was in einem Hotel nur schiefgehen kann, war die Freundlichkeit dieses Hauses eine einzige Wohltat.

Gegenüber vom Aufzug fiel uns im Eingangsbereich ein Wandschränkchen auf. Es trug ein Schild mit verzierten Buchstaben:

„Das Wertvollste in unserem Haus"

Wenn man das Türschloss öffnete, sah man das „Wertvollste": sich selbst im Spiegel. Wie wunderbar, dachte ich, und was für ein Sinnbild für das, was ich fast jeden Tag meinem Publikum sage: Dass jeder Mensch der wertvollste Schatz Gottes ist. Nachdenklich betrat ich den Aufzug. Was hat dieser Gott in den letzten fünf Jahren in meinem Leben bewegt? Wieso füllen sich die Säle und Hallen, und manchmal ist kein einziger Stuhl mehr zu bekommen? Ich sah die vielen Gesichter vor mir, spürte die sanfte Stille, die zärtlich die Menschen erfasst, und ihre Ergriffenheit. Leise Tränen, die man sich unauffällig wegwischt, und dann wieder befreites Lachen, das so ansteckend ist, dass ich selbst kaum an mich halten kann. Wie ist es dazu gekommen, dass ich, eine Ordensschwester, als „Keyspeakerin" bei Firmen, Unternehmen und Wirtschaftstagen angekündigt werde und sogar in Langenscheidts „Rednerlexikon" gelandet bin? Nie hätte ich zu denken gewagt, dass ich mal 180 Vorträge im Jahr halte und 70.000 km im Jahr im Auto durch alle deutschsprachigen Länder düse.

Was ist nur passiert, dass das Abenteuer mit Gott so spannend weiterverläuft, wie es angefangen hat? Dass ich soviel Zärtlichkeit von IHM in meinem Leben entdecken und weitergeben darf? Und es hatte wahrlich abenteuerlich mit uns beiden angefangen! In dieser Nacht, in diesem Sportinternat, wo ich plötzlich wach war und nicht mehr schlafen konnte. Ich kannte ihn nicht, hatte nie Religionsunterricht, war nicht getauft. Ich wollte eine sportliche Karriere machen. Schon als Kunstturnerin hatte ich Erfolg und jetzt wollte ich als Badische Meisterin im Mehrkampf in der Leichtathletik durchstarten. Das war mein neuer Lebensinhalt. Geschickt hatte Gott es eingefädelt, dass meine Mitbewohnerin mir einen Stapel Bücher ins Zimmer legte, den sie entrümpeln wollte. Und ganz oben lag sie da: Die Bibel. Noch nie hatte ich in die Bibel geschaut. Vielleicht hilft mir lesen, dachte ich, und ich schlafe wieder ein. Willkürlich schlug ich eine Seite auf, die Bergpredigt, und las den Satz: „Selig, die ein reines Herz haben, denn sie werden Gott schauen".

Damit begann das Abenteuer meines Lebens mit Gott. Ich gab meinen Sport auf, ließ mich taufen und ging ins Kloster. Immer wenn ich dachte, „Das ist nun dein Leben!", überraschte mich Gott wieder neu. Als ich nach Noviziat und Studium zur Religionspädagogin ausgebildet wurde und mich anschließend als Gemeindereferentin in einem sozialen Brennpunkt einbringen konnte, ahnte doch niemand, dass ich als „Skateboardfahrende Nonne" vom Fernsehen entdeckt werden würde. Und das nur, weil ich mich der Kids angenommen hatte, mich um ihre Sorgen kümmerte und mit ihnen ihre Leidenschaft teilte, Skateboard zu fahren. Schnell war mir klar, dass man mit „frommen Sprüchen" allein in so einem Umfeld nichts erreichen kann, sondern ganz in ihre Lebenswelt eintauchen muss. Was für ein Hype, nachdem mich 5 Millionen Zuschauer bei „Schreinemakers live" gesehen hatten. Eine Schwester, die mit der E-Gitarre rockt, steppt, Skateboard fährt.

Ich kann das „blöde Brett" zwar schon lange nicht mehr sehen, und das Image habe ich lange nicht ablegen können, auch wenn es so viele Türen geöffnet hat.

Wer hätte ahnen können, dass Gott mich nicht meine ewigen Gelübde in der Gemeinschaft ablegen ließ, in die ich eingetreten war? Er rief mich heraus, um meine eigene kleine Gemeinschaft zu gründen, zu der das Bistum Bamberg „Ja" sagte. Inzwischen konnte unsere „Kleine Kommunität der Geschwister Jesu" ihr zwanzigjähriges Jubiläum feiern.

Niemand hätte ahnen können, welche unsagbare Freude wir am Dienst in unserer Gemeinde hatten, auch wenn der Anfang mühsam und schwer war. Immer ist es schwer, etwas Neues anzufangen. Durch harte Prüfungen, Vorurteile und Anfeindungen mussten wir gehen, aber Gottes zärtliche Führung ließ uns nie verzagen. Sein Segen war so gewaltig, dass es sich im Nachhinein wie eine Erfolgsgeschichte liest. Alle zwei Jahre hatte ich ein neues Musical komponiert und mit 80 bis 100 Mitwirkenden zur Aufführung gebracht und in vielen Gemeinden und bei Katholiken- und Kirchentagen aufgeführt. Insgesamt waren es neun Musicals, die bei unseren Kirchenfestivals ihre Premiere feierten. Die Gemeindefestivals mit bis zu 3000 Besuchern an fünf Tagen waren Höhepunkte für unsere ganze Region. Voller Dankbarkeit denke ich an unseren Landrat, unseren ehemaligen Bürgermeister, die Rektoren unserer Schulen, unsere evangelischen Pfarrer und viele einflussreiche Persönlichkeiten, deren Unterstützung uns viele Möglichkeiten eröffnete. Wir feierten Gottesdienste für Suchende und natürlich unser Kinder-Abenteuerland. Ungläubig schauen die meisten Katholiken, wenn ich ihnen von unseren Kindergottesdiensten erzähle, bei denen wir elf Jahre lang 200 bis 300 Kinder in unserem Kinderabenteuerland hatten, und das alle 14 Tage. Was für eine Begeisterung, was für ein Arbeitspensum, neben dem alltäglichen Wahnsinn in der Schule und all den großen und kleinen Festen des Kirchenjahrs in unserer Gemeinde.

Nebenbei schrieb ich meine ersten Bücher, und noch immer ist die Biographie: „Na toll lieber Gott. Mein verrücktes Leben" ein Renner. Als ich den Kulturpreis für „Musik und Gegenwartsliteratur" von unserem Kreistag erhielt und im gleichen Jahr bei der Quizshow von Jörg Pilawa mit Pfarrer Franz zusammen 100.000 Euro gewann, dachte ich, wir wären am Höhepunkt. Ich war 40 Jahre und keine Krise mehr in Sicht! Nebenbei noch Fernsehauftritte und Vorträge, aber das hielt sich noch in Grenzen, doch das sollte sich bald ändern: Als unser Pfarrer mit 75 Jahren in Rente ging. Er hatte mit Schwester Claudia und mir die Gemeinschaft in Pegnitz gegründet, und 17 Jahre dienten wir in unserer Pfarrei. Gerne wären wir in unserer lebendigen, wachsenden Gemeinde geblieben, aber nach 15 Jahren sollten auch die pastoralen Mitarbeiter im Bistum die Stelle wechseln.

Also beschlossen wir, gemeinsam neu aufzubrechen und einen neuen Anfang zu wagen. Es war wieder Gottes liebende Führung und Gnade, dass wir bereit waren, IHM wieder restlos zu vertrauen und uns führen zu lassen.

Er ist unterwegs.
Er ist unaufhaltsam.
Er ist lebendig.
Er ist erwartet.
Er ist berauschend in seiner Liebe.
Er ist Sprengkraft.
Er ist heilsam.
Er ist klein wie ein Stückchen Brot.
Er ist mächtig wie der Sturm.
Er ist Feuer.
Er ist Wasser.
Er flüstert.
ER liebt.
Dich.

Wenn Gott etwas nimmt, gibt er etwas Besseres

Alles hatte Gott gefügt. Dass meine Mitschwester die Stelle als Gemeindereferentin bei unserem ehemaligen Lieblingskaplan Lars, der inzwischen Pfarrer war, bekam und uns ein unglaublich schönes und großzügiges Haus zur Miete angeboten wurde, war für uns eine Fügung Gottes. Er wird unsere lieben Vermieter und ihre Familie immer dafür segnen! Wir wurden in unserer neuen Seelsorgeeinheit sehr herzlich und liebevoll aufgenommen.

Wie schwer war der Abschied, wie bitter, alle meine Kinder-, Jugend- und Musicalchöre, alle großartigen Mitarbeiterinnen und Mitarbeiter und Freunde zurückzulassen. Lange habe ich ihnen nachgetrauert. Jetzt waren wir plötzlich im Seebachgrund, umgeben von Karpfenweihern und Störchen, in einem herrlichen kleinen Dorf, einem Ortsteil von Weisendorf bei Erlangen, nahe an der Autobahn. Meine Mitschwester übernahm eine volle Stelle als Gemeindereferentin, Pfarrer Franz als Priester in Rente oder besser gesagt „in Reichweite" wurde von den drei Gemeinden gleich ins Herz geschlossen und freut sich nun immer, wenn er aushelfen darf. Und ich?

Nach 17 Jahren Durchpowern hatte ich um ein Sabbatjahr von der Gemeindearbeit im Bistum gebeten, in dem ich alle Vortragsanfragen abarbeiten wollte. Auf die faule Haut legen ist nicht meine Art, außerdem musste ja auch die Miete bezahlt werden und meine Gemeinschaft mit meinem Anteil versorgt werden.

Welche Türen Gott damit allerdings aufgestoßen hatte, konnten wir nicht ahnen. Am Ende des Sabbatjahres hatte ich 137 Vorträge gehalten.

Gott hatte alles schon fest geplant, nur wir hatten seine zärtliche Handschrift während der vielen Arbeit in der Gemeinde nicht richtig gelesen. Auch in dieser Zeit hielt ich schon Vorträge, aber die Zahl blieb noch überschaubar. Ich scheute mich von Anfang an nicht, in die abgelegensten Winkel unseres Bistums zu fahren, anfangs waren es oft nur zehn bis 30 Besucher. Bis mich auch die ersten Einladungen von außerhalb des Bistums erreichten, die Besucheranzahl stieg und mich immer mehr Firmen buchten. Von Hamburg bis zum Bodensee.

Stetig füllte sich mein Terminkalender, und hilfreich war die neue Homepage, die ganz auf die Vorträge ausgerichtet war, denn wir stellten fest, dass die meisten Besucher zuerst die Vorträge anklickten. Und natürlich meine zwei Facebookseiten, die offizielle und die private. Eine kleine wundervolle „Gemeinschaft von Freunden" ist da zusammengekommen, und jeden Tag mühe ich mich, sie mit positiven, ermutigenden und frech-fröhlichen Postings an meinem Leben Anteil nehmen zu lassen. Als die eigene App „Teresa Zukic" dazu kam, die sich jeder, der ein Smartphone hat, runterladen kann, konnte ich vielen Menschen sehr nahe sein.

Es war ein immer deutlich vernehmbarer Hinweis, mit dem Gott mich auf meine neue Aufgabe vorbereiten wollte. Er behielt dabei die Zügel in der Hand. Warum sonst durfte ich all diese Erfahrungen machen, im Krankenhaus, im Altenheim und bei Menschen mit schwersten Behinderungen, im sozialen Brennpunkt und in der Sonderschule, in verschiedensten Gemeinden und Institutionen? Seine Stimme wurde immer lauter und eindringlicher, bis wir verstanden, was Er mir damit sagen wollte. Ich sollte nun hinaus und allen verkünden, was unser Papst Franziskus mit so unmissverständlichen Worten ausdrückte: „Als Getaufte sind wir alle missionarische Jünger. Wir sind dazu berufen, in der Welt ein lebendes Evangelium zu werden." Aber das ist so eine Sache mit dem „Jünger"sein.

Wie empfindlich reagiere ich selbst, wenn ich den Eindruck habe, jemand will mich „bekehren", oder wenn er aufdringlich von seinen Glaubenserlebnissen berichtet, mir Bibelzitate um die Ohren wirft und mich für irgendeine religiöse Praxis vereinnahmen will. Unsere frohe Botschaft ist großartig, aber sie wird nur ankommen, wenn wir eine Sprache wählen, die von heutigen Menschen verstanden wird. Einladend, lebensnah, hilfreich muss sie sein, und ich behaupte: auch voller Humor. Ob jemand dabei authentisch ist, spüren die Menschen sofort. Sicher hätten mich Führungskräfte der Sparkasse, Unternehmer für Wirtschaftstage, die Steinmetze Baden-Württembergs oder der „Verband der Hersteller selbstklebender Etiketten und Schmalspurkonvertoren" nicht als Rednerin eingeladen, wenn sie den Eindruck gehabt hätten, ich wolle sie „missionieren". Das käme wohl nicht gut an und das würde sich auch schnell herumsprechen. Oft wurde mir gesagt, dass meine Vorträge so berühren, weil sie eine Kombination aus Lebenshilfe, Poesie, Philosophie, Psychologie und gelebtem Glauben sind.

Obwohl wir keine Werbung machen, ist mein Terminkalender seit Jahren voll. Am meisten werde ich natürlich von katholischen oder evangelischen Gemeinden eingeladen, darunter sind interessanterweise auch häufig Freikirchen. Ich schlage kaum eine Einladung aus, wenn es terminlich hinhaut. Ich lasse mich gerne auf Menschen ein und erlebe durchwegs positive Reaktionen. Wenn es klingelt, „ist es der liebe Gott," pflege ich zu sagen. Ich mache keine Unterschiede. Katholische Verbände und Frauengemeinschaften, Jugendtreffen und Schulen, aber ebenso Hochschulen und Großunternehmen wie OBI, Banken, Versicherungen von Weltkonzernen und Handelskammern gehören zu meinen Veranstaltern. Ebenso die Bundeswehr, Feuerwehrleute, mittelständische Unternehmen, die Wirtinnen Niederösterreichs oder die Seilbahnunternehmer Südtirols. Schmunzeln musste ich gelegentlich schon, wenn man bei der Einladung betonte, ich sei die „erste weibliche Rednerin", wie beim bayerischen Schreinertag in Deggendorf oder beim Tag des Handwerkes in Lörrach. Ich bin dankbar für jede Einladung und versuche mein Bestes zu geben und dabei ansteckend viel Freude zu verbreiten, aber auch selber zu haben. Denn neben den Auftritten sind es die Begegnungen mit Menschen, die oft sehr persönlichen Gespräche und viele zärtliche Momente des „sich in die Augen schauens" und Verstehens, die mich faszinieren. Nicht umsonst empfinde ich mein Leben nicht als lästige Arbeit, sondern als „mein Hobby", und das, seit Jesus Christus es betreten hat.

Schon morgens, wenn ich aufwache, sage ich mir gerne: „Heut' wird der schönste Tag in meinem Leben, weil Du da bist, mein Gott, und ich freue mich auf jede Überraschung."

Wem sollten wir uns anvertrauen
als dem Heiligen Geist?
Er ist das pure Leben
und der Atem der Liebe Gottes.
Die Kraft seines Sohnes
und seiner Zärtlichkeit,
und er kann
in die letzten Ecken
unseres Herzens
und Verstandes dringen,
um die Spuren
unvorstellbarer Liebe
zu hinterlassen.
Komm heil'ger Geist.

Zärtlich kam Gott
in mein Leben

Den wohl bedeutendsten Augenblick von Gottes Zärtlichkeit habe ich in der Nacht erlebt, als mir die Augen für Gottes Existenz geöffnet wurden. Gerade 19 Jahre geworden, lebte ich in einem Sportinternat, um mein Abitur zu machen und weiter meine Sportkarriere auszubauen. Vom Glauben an Gott wusste ich bis dahin nichts. Ich war nicht getauft und hatte noch nie den Religionsunterricht besucht.

Ich war übermüdet vom Leichtathletiktraining und wusste, dass ich am nächsten Tag auch noch ein Basketballspiel haben würde. Ich schlief ein, wurde aber gegen zwei Uhr früh wach. Das war nichts Ungewöhnliches für mich, ich bin eine schlechte Schläferin und wache oftmals nachts auf, das hat sich bis heute nicht geändert.

Ich schaltete meinen Kassettenrekorder ein, um von meiner Lieblingsgruppe Queen „I want to live forever" zu hören. Musikhören half in dieser Nacht aber auch nicht. Ich schaute wieder auf die Uhr, denn ich zähle gerne die Stunden, die mir noch bis zum Aufstehen bleiben, auch wenn ich nicht schlafen kann. Da fiel mein Blick auf den Stapel Bücher am Boden. Meine Mitbewohnerin hatte ihn mir ins Zimmer gelegt, weil sie einige Bücher aussortieren wollte.

„Lies halt was", dachte ich, „vielleicht wirst du dann schneller müde". Ich griff zu einem roten Buch. Es war eine Bibel, die Herder-Ausgabe der Einheitsübersetzung, und ich schlug willkürlich auf:

„Bergpredigt" – Was ist das denn?

Ich begann zu lesen. „Selig, die ein reines Herz haben, denn sie werden Gott schauen."

Es war wie das Aufblitzen eines Gedankens, der mein Leben für immer verändern sollte. Die Wucht Seiner Gegenwart war so gewaltig, dass ich den Eindruck hatte, ich sei außer mir, obwohl ich klar denken konnte. Was für eine unaussprechliche Ruhe umgab mich, ein nie gekannter Frieden, der sich lebendig anfühlte, als sei ich im Auge eines Sturmes. Ich fühlte mich angenommen in einer Weise, die mir lieblicher und freundlicher und zärtlicher noch nie begegnet war. All dies war höchstens vergleichbar mit dem Gefühl, das ich hatte, wenn meine zärtliche Mutter mich als Kind liebkost und mit mir geschmust hatte. Dank meiner Mutter fühlte ich mich an jedem Tag meines Lebens geborgen, auch wenn ich schon in jüngstem Kindesalter allein zu den Wettkämpfen fuhr.

Es war, als setzte mich etwas völlig frei, und ich verstand mehr, als ich wissen konnte. Als gäbe es einen Austausch meiner Gedanken, immer begleitet von einer sanften Brise von Gänsehaut. Ich spürte eine Bestätigung, eine Zusage, eine Liebe, die mir übergroß vorkam. Eine Liebe, die keine Gegenliebe, keine Leistung erforderte, sondern sich bedingungslos verströmte. Diese Liebe war da, bevor ich war und bevor ich mir ihrer Gegenwart bewusst war. Und ich antwortete verwundert: „Ich hab doch noch gar nichts getan, um so geliebt zu werden!"

Lebte ich bis zu diesem Moment nicht nach einem anderen Lebensprinzip? Musste ich nicht immer irgendwelche Bedingungen erfüllen, um geliebt zu werden? Brav sein, gute Noten schreiben und viel trainieren, um etwas zu erreichen? Nach dem „Wenn – Dann" Prinzip – nur wenn du viel trainierst, dann wirst du auch Erfolg haben.

Und nun in diesen Minuten der Begegnung mit einer realen Liebe, die ich wage Gott zu nennen, hörte ich die Antwort: „Du bist schon geliebt."

Als käme die Stimme aus einer weiten Ferne. Ich fühlte mich unendlich angenommen. Ich wusste es auf einen Schlag, ich war befreit, um geliebt zu werden. Nicht mehr „wenn – dann", sondern weil... Weil ich frei bin, darf ich leben! Ich las die ganze Nacht in der Bibel und war dennoch morgens putzmunter. Ich erfuhr von Jesus, seinem Vater, den er zärtlich „Abba" nannte, wie Jesus Menschen geheilt hatte, wie er brutal ermordet worden war und seine Freunde sagten, dass er lebte und auferstanden sei. Ich tat, was ich immer tat, aber etwas war anders in mir. Ich war anders. Als ich ausgerechnet beim Basketballspiel verletzt wurde, reagierte ich ungewöhnlich. Früher hätte so ein Foul sicher nach Revanche verlangt, zumindest Wut hervorgebracht, auch wenn es sonst beim Basketball sehr fair zugeht.

„Hab' dich dennoch lieb!", flüsterte ich der Gegnerin zu, als sie mir die Hand reichte, um mir aufzuhelfen. Was für eine unsagbare Freude stieg in mir auf! Eine Freude, die mich bis heute nicht verlassen hat. Wie kann man Menschen diese Liebe Gottes nur erklären? Daran zu glauben, dass sie da ist und schon immer da war, noch bevor man auf der Welt war. Eine Mutter freut sich neun Monate auf das Kind, und wenn das Wunder Füßchen und Händchen hat, dann ist aller Schmerz vergessen, es wird liebkost und bemuttert und geherzt und tausendmal geküsst. Es wird gefüttert, und alle nur erdenklichen Signale, dass etwas nicht stimmen könnte, setzen die Eltern sofort in Alarmbereitschaft.

Bevor ein Baby irgendetwas geben kann, wird es überschüttet mit Zuwendung, sogar von wildfremden Menschen. Und wenn es reagiert, womöglich mit einem Lächeln und Lachen, dann kann man die Entzückung kaum in Worte fassen. Bevor ein Baby zum ersten Mal etwas gibt, hat es schon tausend und abertausend Mal etwas bekommen. Es hat Berührungen bekommen. Schließlich leben wir alle in den ersten Monaten unseres Lebens davon, dass uns jemand berührt! Zärtlichkeit und Körperkontakt ist die wichtigste Sprache der Liebe! So habe ich es auch in dieser Nacht von der Liebe meines Gottes erfahren dürfen. Ich wurde tief in meinem Innersten von seiner Liebe berührt. Existenziell. Bevor ich IHM antworten konnte, hatte ER mich schon mit einer aufregend schönen Kindheit, sportlichem Erfolg und unsagbarer Lebensfreude beschenkt. Nur wusste ich noch nichts von der vollkommen Schönheit und Größe und Herrlichkeit eines persönlichen Glaubens an IHN. Wusste nichts von seinem Meisterstück, der menschgewordenen Zärtlichkeit, von seinem geliebten Sohn. Das Abenteuer meines Lebens mit Gott hatte begonnen. Ich ließ mich taufen, trat nach dem Abitur und einem sozialen Jahr ins Kloster ein. Die Sportkarriere wich seinem überwältigenden Ruf.

Du heiliger Geist,
Du zärtlicher,
behutsamer Freund meiner Seele.
Du Sehnsucht jedes Tages.
Reinige mich,
erleuchte mich,
durchforsche mich.
Tröste mich,
stärke mich,
lehre mich.

Du heiliger Geist,
Du brennende Liebeswoge,
Sturm der Vergebung,
Flüstern der Freiheit.
Motiviere mich,
belebe mich,
heile mich.

Du heiliger Geist,
unerschöpflicher Frieden,
unaussprechlicher Balsam,
komm in mein Leben,
in jedem Atemzug,
damit ich Gott
alle Ehre geben kann.

Zärtliche Begebenheiten

Ich liebe es, spontane Dinge zu tun. Aus dem Bauch heraus, ohne jedes „Wenn und Aber" abzuwägen. Aus dem Gefühl, „verliebt" zu sein, um einfach anderen eine Freude zu machen, stelle ich so manche Dinge an. Noch frisch bekehrt, kurz vor meiner Taufe, kaufte ich Rosen und verteilte sie in der Fußgängerzone und lächelte die Menschen an. Alle lächelten zurück, auch wenn sie sich mein Geschenk nicht erklären konnten. Auch als junge Schwester war ich oft spontan. Gerne denke ich an die Begebenheit im Kasseler Marienkrankenhaus während eines meiner zahlreichen Praktika zurück. Am Abend pflegte ich mit meiner Gitarre bewaffnet durch die Zimmer zu gehen und sang für die Patienten, oder ich betete mit ihnen, manchmal hielt ich sogar Bibelstunden ab. Bisweilen gab es auch hitzige Gespräche über die Kirche. Damals waren es Papst, Pille und Zölibat, die ständiges Thema waren. Wenn ich dann jedoch nachfragte, wie sie ihr Leben meisterten, entstanden auf einmal sehr persönliche Gespräche, und alles andere rückte in den Hintergrund.

Einmal führte ich ein ganz intensives Gespräch mit einem Mann mittleren Alters. Im Zimmer war noch ein Patient, der intensiv zuhörte, sich aber am Gespräch nicht beteiligte. Plötzlich brach es aus ihm heraus: „Ich kann nicht an die Liebe glauben. Es gibt keine Liebe unter den Menschen, es gibt keinen Gott." War er wohl noch von niemandem geliebt worden? Ich hatte gerade die Geschichte von Jesus erzählt, in der sich ihm eine Frau zu Füßen warf und mit ihren Tränen seine Füße benetzte. „Was für eine Liebe!", sagte ich.

Der Mann wiederholte sich, und ich spürte seine ganze Verbitterung. Er könnte sich niemals vorstellen, dass jemand so etwas täte. Dazu muss man wissen, dass niemand gerne in dieses Zimmer ging. Dieser Mann hatte Entzündungen und

Eiter an den Füßen, und selbst der Verband und zwei Decken halfen nicht, den unangenehmen Geruch, der das ganze Zimmer vergiftete, zu unterdrücken. Nun gut, ich dachte
nicht lange nach, bevor ich die Decken von seinen Füßen
hob und seine Füße küsste. „Doch", sagte ich, „es gibt so etwas!" Er brach in Tränen aus, und in den nächsten Tagen saß
ich oft an seinem Bett, hielt ihm manchmal die Hand, und
wir schwiegen lange und verstanden uns dennoch. Er musste nur wenig von seiner Lebenssituation erzählen, aber ich
begriff, wie schwer es für ihn war. Es waren zärtliche Momente der Nähe, die ich nie mehr vergessen werde.

Ebenso meine spontane Tat in der U-Bahn in München,
während meiner Zeit in der Ausbildung zur Altenpflege-
helferin. Mein Orden riet mir, mir auch praktische Pflege-
kenntnisse anzueignen, bevor ich Praktische Theologie studierte. Eines Sonntagvormittags, als ich aus der Messe kam,
beschäftigte ich mich gerade mit dem Fahrplan der U-Bahn
am Marienplatz, als ein Obdachloser nach mir rief: „Schwester, Schwester" und winkte.

Ich drehte mich um zu ihm, winkte zurück und wollte eigentlich zu meiner Bahn, aber irgendetwas ließ mich spontan in seine Richtung gehen. Ich setzte mich neben ihn auf
dem Boden und erkundigte mich nach seinem Befinden. Er
fragte: „Riechst du nix"? Nun, ehrlicherweise roch man seinen Alkoholdunst meilenweit. „Hast du einen auf den lieben
Gott getrunken?", fragte ich ihn. Er hielt inne, schaute mich
verwundert an, blickte mir in die Augen und sah beschämt
aus. Aber in seinen Augen lag etwas so Zärtliches, ein Auf-
leuchten, als würde für einen Moment die Zeit stillstehen.
Wir unterhielten uns noch länger über das Leben auf der
Straße und nach einem kurzen Abschied wollte ich mich da-
vonmachen. Keine 20 Meter von mir entfernt sprach mich
ein Mann an, der dies beobachtet hatte, und drückte mir 20
DM in die Hand. „Ach, das ist für meinen Freund aus der
U-Bahn?" Ich ging wieder zurück und wollte ihm das Geld
übergeben, aber er wehrte ab. „Sie haben mir mehr als Geld

gegeben." Alles Drängeln half nichts, bis er sagte: „Ich nehme es nur an, wenn sie mit mir essen gehen"! Das hatte ich
nun davon. Ich half ihm, die Tüten mit seinen Habseligkei-
ten zu tragen und wir gingen in eines der bayrischen Lokale,
saßen unter der „Patrona Bavariae" auf dem Marienplatz,
aßen gemeinsam Weißwürste, und ich lächelte die anderen
Gäste munter an, die uns befremdet anstarrten. Danach
fuhr ich heim und war glücklich bewegt über die Begegnung
und über meine Dusche.
    Viele solcher Begebenheiten säumen meine Erinnerungen.

Ich sehne mich nach allem,
was himmlische Spuren hinterlässt.
Ich verzage nicht mehr
bei Ablehnung und Undankbarkeit.
Ich finde Trost im Gebet,
in der lauteren Liebe,
ich schaue dem Leben ins Gesicht.
Die an meiner Seite sind,
lieben mich mehr als ihr Leben, und
ich tue es ebenso und ich habe Freunde,
die diesen Titel verdienen.
Ich liebe es, verrückte Dinge zu tun und zu sagen,
die andere erfreuen, und ich werde nie
aufhören zu genießen,
weil ER uns die Fülle des Lebens verheißen hat.
Und trunken vor Liebe werde ich meinem Gott vertrauen,
jeden Tag neu.

Teil 2:

Das

Abenteuer

beginnt

Wie sind Sie auf mich gekommen?

Wenn ich eine neue Anfrage oder Mail für einen Vortrag erhalte, dann frage ich gewöhnlich „Wie sind Sie auf mich gekommen?" Immer wieder ist es spannend, die Antworten zu hören. Als mich 2011 der Chef einer ambulanten Pflegestation anrief, um mich zu seinen Mitarbeiterinnen einzuladen, staunte ich nicht schlecht, als er mir erzählte, er selbst sei bei einem Patienten gewesen und seine Ehefrau habe nebenbei meine CD „Vom befreienden Umgang mit Fehlern" gehört. Er wäre so tief von meinen Worten berührt gewesen, dass er im Büro gleich nach mir recherchiert hatte und mich einlud. Wie die CD zu dieser Frau ins Betreute Wohnen gelangt war, ließ sich nicht klären.

Gewöhnlich kommen Interessierte direkt nach meinen Vorträgen mit der Frage auf mich zu, ob ich auch in ihre Gemeinde, Firma oder zu ihrem Event käme. Ich antworte dann stets: „Ja, wenn die Gruppe nicht zu klein ist." Ich verweise auf meine Homepage, wo man nach freien Terminen schauen und sehen kann, wann ich in der Nähe bin. Bin einfach zu viel im Auto. Also kann es passieren, dass ich drei Termine auf einen Tag lege, weil ich nicht dreimal in den Schwarzwald fahren will. Zugfahren oder Fliegen schließen wir aus verkehrstechnischen Gründen aus, denn oft ist ein Vortrag am Abend, und am nächsten Vormittag muss ich schon wieder bei einem Frauenfrühstück sein. Außerdem verkaufen wir meine Bücher, davon lebt ja auch meine kleine Gemeinschaft, und die müssen transportiert werden.

Aber die meisten Einladungen, das weiß ich inzwischen, kommen durch Mundpropaganda zustande, oder durch Zeitungsartikel, auf die jemand aufmerksam geworden ist.

Das „SchmidColleg", eine renommierte Unternehmensberatungsfirma, war das Sprungbrett in die Welt der Keyspeaker und Manager.

Die Frau des Marketingleiters hatte ihrem Mann von mir vorgeschwärmt, nachdem sie mich beim ökumenischen Frauenfrühstück in der Oberpfalz gehört hatte. Nie vergesse ich meinen ersten Auftritt bei Cay von Fournier und dem „SchmidColleg-Kongress" vor 300 Unternehmern. Wie ich nachlesen konnte, gehören diese „CollegTage" zu den etabliertesten Symposien dieser Art im deutschsprachigen Raum. Dort werden hochkarätige Referenten mit spannenden und aktuellen Themen eingeladen. Neben dem Handballweltmeistertrainer Heiner Brand und anderen bekannten Rednern war ich zur Herbstkonferenz eingeladen.

Sicher, ich hatte schon besondere Einladungen erlebt, aber den ganzen Tag war ich nervös, ob das, was ich sage, auch bei Top-Managern ankommt. Vor so einem Publikum sprach ich damals noch selten. Am Nachmittag hatte ich noch meinen Kinderchor zur Probe da, und am Schluss der Singstunde kamen meine zwei jüngsten Sängerinnen und hielten mich fest und fragten, ob sie mir etwas vorsingen dürften. Sie hatten extra geübt, um mir eine Freude zu machen. Dieses kleine Konzert von zwei strahlenden, bezaubernden Kindern und ihr Lied brachten mir einen so tiefen Frieden zurück und ein paar Tränen. So viel Zärtlichkeit lag in diesem Moment. Was immer ich auch heute noch erleben werde, dachte ich, diese Kinder waren heute das Allerwichtigste, ich bräuchte nicht nervös zu sein. Ich gebe einfach mein Bestes.

Mein guter Pfarrer Franz begleitete mich und er stand ganz hinten und gab mir Zeichen, die mich beruhigen sollten. Ich war in einer anderen Welt, einer Welt der anspruchsvollen Rhetorik, des Managements und der Innovationen gelandet. Ich sprach frei und spürte die große Erwartungshaltung, aber auch eine Woge des Wohlwollens. Sicher beeindruckte am Anfang auch mein ungewöhnlicher

Lebenslauf, wie ich von der Leistungssportlerin zur Ordensschwester, von der „Skateboard fahrende Nonne" zur „deutschen Antwort auf Sister Act" wurde, wie eine große deutsche Tageszeitung einmal titelte – eine Anspielung auf meine Musicals. Mit einer Bildschirmpräsentation bekamen die Zuhörer einen Eindruck von meiner Arbeit.

An der Stelle im Vortrag, an der es um Zuwendung und Anerkennung geht, pflege ich in das Publikum zu gehen und eine Person zu umarmen. Ich erläutere, dass ich oft bedaure, dass wir den Menschen, die uns am nächsten stehen, so wenig unsere Liebe zeigen. Aber auf was sollen wir warten? Wenn dieser Tag zu Ende geht, kommt er nie mehr wieder. Wenn dieser Tag vorbei ist, ist er fort aus unserem Leben. Oft denken wir: „Wo ist das Jahr wieder hin? Auf was wollen wir warten?"

Als dieser Moment näherkam, schüttelte mein Pfarrer von hinten aufgeregt den Kopf und wollte mir sagen: „Hier nicht! Mach das nicht! Es sind doch fast nur Männer hier!" Aber ich nickte, während ich weitersprach: „Oh doch". Er schüttelte heftiger mit dem Kopf: „Lass es, hier passt es nicht", und ich nickte vergnügt zurück und dachte: „Oh doch, hier passt es ganz genau "

Ich ging von der Bühne und sagte zu einem nett aussehenden jungen Mann: „Darf ich sie mal drücken?" Er sprang sofort auf und sagte: „Aber gerne". Anschließend umarmten sich alle. Es war kein Problem. Im Gegenteil, ein heiteres Lachen im Saal und beschwingtes Aufeinanderzugehen war die Folge.

Am Ende meines Vortrages gab es Standing Ovations. Erst als alle klatschten wurde mir bewusst, dass es vorbei war, als wachte ich erst jetzt wieder auf. Nun musste ich mich nicht mehr konzentrieren. Ich hatte es geschafft. Sofort wurde ich umringt und man gratulierte mir. Ich lächelte, und immer mehr kamen und sprachen aus, was sie am meisten bewegt hatte. Obwohl man zum Abendessen rief, standen da Menschen, die es sich nicht nehmen lassen wollten, mir persönlich etwas zu sagen. Mir taten nach einer halben Stunde die Gesichtswangen vom Lächeln weh. Ich hätte nur noch weinen können vor Freude. Mein Pfarrer Franz weint oft mit mir, und das ist so eine wundervolle, zärtliche Weise von ihm, wenn er berührt ist. Selbst wenn er predigt, muss er plötzlich an sich halten. So zeigt sich seine Begeisterung, wenn er ergriffen ist.

Auf einer Woge von Anerkennung durften wir den Abend verbringen, und ein unglaubliches Geschenk wurde uns gemacht. Am Abend gab es einen Talk mit Heiner Brand, den der Moderator Paul Johannes Baumgartner von „Antenne Bayern" interviewte. Die Mitarbeiter des SchmidtCollegs hatten dreihundert Handbälle besorgt. Jeder, der einen solchen Ball von Heiner Brand signiert haben wollte, sollte eine „Spende für Schwester Teresa" in ein großes Glasgefäß legen.

So wurden mir damals über 3000 Euro als Spende für unsere Arbeit mitgegeben. Ich war einfach überwältigt. Das war eine willkommene Investition für das nächste geplante Kirchenfestival. Gott sorgte immer für uns.

Inzwischen bin ich regelmäßiger Gast bei den Schmidt-Colleg-Kongressen oder -Tagesseminaren. Es ist jedes Mal wie zu einer Familie nach Hause zu kommen. Ihnen verdanke ich viele Einladungen zu Firmen und Unternehmen, und ich werde auch heute von ihnen weiterempfohlen. Referenzen in dieser Branche sind für viele selbständige Redner und Unternehmensberater von großer Bedeutung. Für das Deutsche Rednerlexikon schrieb mir Hilmar Wollner, der Marketingleiter des SchmidtCollegs, eine sehr liebevolle Referenz: „Schwester Teresa ist seit mittlerweile fast einem Jahrzehnt regelmäßiger Gast unserer Kongresse und Veranstaltungen für Unternehmer und Führungskräfte. Wir engagieren sie immer wieder, weil sie immer wieder unsere Gäste und Kunden – und natürlich auch uns – zu begeistern weiß. Teresas Worte begleiten einen durch das Leben, sie geben Kraft und machen Mut. Schwester Teresa ist ganz einfach ein wunderbarer Mensch."

Warum ich sehr oft glücklich bin?
Weil ich versuche,
jeden Menschen so zu nehmen, wie er ist.
Ihn weder verändern will, noch kritisiere.
Ihm zutraue, dass er erwachsen ist,
und ganz genau weiß, warum er was tut.
Weil mich das Schöne, Gute, Inspirierende
und Einzigartige am Anderen interessiert.
Mich gehen seine Geheimnisse,
Fehler und Schwächen nichts an,
außer er will sie mir anvertrauen.
Ich freue mich jeden Tag neu
auf das, was er oder sie ist.
Ich freue mich, in ihm den Funken Gottes zu sehn,
der mich belebt, ergreift, tröstet,
wie er wächst, wie er sich entfaltet.
Ich freue mich,
seine Unverwechselbarkeit zu spüren und
lasse sie das Besondere sein,
das er/sie in Gottes Augen ist.
Ich freue mich immer neu auf die Begegnung
und hoffe, dass ich nie so tief verletzt werde,
dass ich die Kraft nicht finde zu verzeihen.
So bin ich. Und so möchte ich sein.
Lebendig, etwas verrückt und kreativ,
nichts nachtragend, aber voller Überraschungen,
gläubig und vertrauensvoll wie ein Kind
und großzügig verschenkend.

Die süße Maus und Hausaufgaben

Eigentlich weiß ich gar nicht mehr, wie es anfing, dass ich meinen Vortrag unterbreche, losgehe und jemanden während meiner Ansprache umarme. Es war ein innerer Impuls, bei dem ich stets ebenso berührt bin wie meine Zuhörer. Wenn ich zu reden beginne, suche ich schnell Augenkontakt. Ich lasse auch nie das Licht im Saal ganz löschen, denn ich möchte meinen Zuhörern in die Augen schauen und nicht ins Dunkle sprechen. Das finde ich schrecklich. Ich kündige an: „Da sitzt eine süße Maus" und ich gehe von der Bühne herunter, laufe durch den Saal und bleibe vor einer Person stehen. Vor welcher, weiß ich vorher nicht. Die Überraschung der Person, vor der ich stehen bleibe, ist oft riesig. „Dürfte ich Sie umarmen?", frage ich dann leise. Und wenn sie verblüfft aufsteht und ich sie umarme, frage ich sie, ob ihr das gutgetan hat. Oft sehe ich Tränen, ein herrliches Lachen oder sanfte Verlegenheit.

Zurück auf der Bühne verkünde ich: „Sie hat gesagt, es hat gutgetan! Wir alle hungern nach Zuwendung und Anerkennung. Bitte umarmen Sie einander. Es kostet doch nichts. Los! Los!"

Es folgt Gelächter und manchmal liegt sich ein voller Saal von Landfrauen, Managern oder Jugendlichen in den Armen. „Das langt schon", stoppe ich das vergnügte Treiben, „man muss es ja nicht gleich übertreiben." Wieder Lachen.

Ich weiß nicht, wie oft mich Menschen nach den Vorträgen angesprochen haben. Immer mit der gleichen Frage: „Warum haben Sie ausgerechnet diese Person umarmt?" Oft kann ich es nicht erklären. Und dann wird mir gesagt:

„Wissen Sie, sie braucht es gerade, sie hat ihren Mann

vor vier Wochen verloren!" – „Ich hab mich für sie gefreut, sie hat es so schwer und ist depressiv!" oder die Umarmte kam selber, wie eine ältere Dame nach einem Frauenfrühstück. „Schwester Teresa, ich habe meinen Mann fünf Jahre gepflegt, er ist verstorben. Er war vom Hals an gelähmt. In dieser Zeit hat mich kein einziger Mensch umarmt, und Sie haben es heute getan!" So etwas rührt mich natürlich auch, ebenso wie mir eine Dame nach einem Besinnungstag im Allgäu sagte: „Schwester, ich hab die Luft angehalten und ich glaube, der ganze Saal mit mir. Sie haben die Frau umarmt, deren Sohn sich letzte Woche das Leben genommen hat. Wenn es eine gebraucht hat, dann diese!"

Rührend fand ich es, als ich bei Radio Maria in Wien einen Glaubenskurs über das Radio hielt, und eine Frau anrief und sagte: „Schwester Teresa, ich war mal Ihre ‚süße Maus'. Von dieser Umarmung lebe ich heute noch."

Mein guter Gott, wie sprachlos machst du mich!

Eine andere Sache, die ich bei den Vorträgen mache, ist, dass ich den Besuchern zwei Hausaufgaben aufgabe, ob es Top-Manager oder Landfrauen sind: „Wenn Sie nach Hause kommen, umarmen Sie die Person, die auf Sie wartet oder der Sie begegnen, geben ihr ein kleines Bussi – schönen Gruß von mir." Lautes Lachen. „Sicher wird diese Person dann denken, wo kommst denn du heut' her?" Wieder Lachen.

Dass meine Hausaufgabe wirklich praktiziert wird, erfuhr ich auf originelle Weise nach einem Vortrag in Niederbayern. Ich war erneut eingeladen worden und ein riesiger Saal mit 600 Landfrauen erwartete mich freudig. Als ich den Saal betrat, bekam ich sofort Applaus. Am Anfang war mir das peinlich, eine Zeitung schrieb sogar einmal, ich sei wie ein „Superstar" gefeiert worden, was natürlich Quatsch ist, denn ich bin einfach Schwester Teresa. Die verrückte, kleine, dicke Schwester, die verliebt in Gott ist.

Bevor ich zu meinem Platz nach vorne zu den Ehrengästen gehen konnte, kam eine ältere Bäuerin auf mich zu und sagte: „Schwester Teresa, ich hab die Hausaufgabe damals gemacht! Ich bin heim zu meinem ‚Alten‘, hab ihn gedrückt, er ist so erschrocken und sagte: ‚Spinnst Du?‘. Dann hab ich einen Tag nicht mit ihm geredet, und jetzt busseln wir jeden Abend!"

Ein anders Mal, als ich in der Bauernschule in Bad Waldsee noch am Büchertisch signierte, standen plötzlich zwei Männer vor mir, die draußen auf ihre Frauen gewartet hatten. „Wir mussten diese Schwester ansehen! Was haben Sie mit unseren Frauen gemacht? Sie sind uns um den Hals gefallen. So was wollen wir jetzt jeden Tag!" Dann umarmten sie mich.

Na so was! Das hatte ich auch noch nie erlebt!

Aber das, was mir eine alte, abgearbeitete Bäuerin einmal anvertraute, treibt mir bis heute die Tränen in die Augen. Sie wartete lange, bis alle anderen weg waren, dann kam sie zu mir und sprach sehr leise: „Schwester Teresa", sie stockte, „das traue ich mich nicht!" „Was meinen Sie?", fragte ich nach. „Die Hausaufgabe! Wissen Sie, mein Mann und ich haben uns schon 20 Jahre nicht mehr berührt. Er ist immer grob zu mir. Er schreit oder sagt gar nichts. Ich hätte Todesangst, ihn anzufassen".

Ich nahm sie in den Arm und hielt sie lange fest und gab ihr ein Bussi auf die Wange. Sie nickte und wischte sich die Tränen weg. Wie leid sie mir tat! Das, was doch selbstverständlich sein müsste, war hier unmöglich. Lange ging mir diese Begegnung nicht aus dem Kopf, geschweige denn aus meinem Herzen. Noch immer bete ich für sie und wünsche ihr, dass sie sie noch einmal erleben dürfte in ihrem Leben, eine zärtliche Geste ihres Mannes.

Manchmal ist uns nur zum Weglaufen zumute.
Manchmal wachsen die Sorgen einem über den Kopf und man kann nicht mehr.
Manchmal will man alles hinter sich lassen und irgendwo neu anfangen.
Manchmal ist die Einsamkeit zu schmerzlich,
und manchmal erträgt man keine Gesellschaft.
Manchmal hält man die Schmerzen nicht mehr aus.
Manchmal ist jedes Gebet leer.
Manchmal fühlt man sich alleine und ungeliebt.
Manchmal will man schreien.
Jesus ist am Ziel unserer Sehnsucht:
beim Vater, der unendlichen Liebe,
wo es keine Tränen, keine Angst und keine Sorgen mehr gibt.
Aber der Himmel ist nicht verschlossen,
wir sind nicht auf uns alleine gestellt.
In unserem Chaos zurückgelassen!
Da ist ein Tröster, ein lebendiger Atem,
ein zärtlicher Kuss, eine sanfte Umarmung,
ein geistvoller Heiler,
eine atem-beraubende Zusage.

Reisen wie ein Businessman

Inzwischen könnte ich einen Hotelführer schreiben, und es wäre nicht nur lustig, sondern manchmal auch haarsträubend, was ich alles im Laufe eines Jahres erlebe. Außer im August, der vortragsfrei ist, bin ich fast jede Woche mindestens in einem Hotel, und es können in den Monaten, in denen ich bis zu 30 Vorträge habe, auch fünf verschiedene Hotels pro Woche sein. Natürlich bevorzuge ich es heimzufahren, wenn die Entfernung von zu Hause nicht zu groß ist.

Aber oftmals habe ich Abendveranstaltungen, am nächsten Morgen findet gleich wieder ein Vortrag statt und manchmal müssen nachts noch Distanzen von bis zu 200 km in Kauf genommen werden. Das bedingt viele Nachtfahrten und oft späte Anreisen. Die unglaublichsten Dinge sind uns schon passiert, obwohl ich sehr gründlich nach geeigneten Hotels recherchiere und wirklich nicht anspruchsvoll bin. Ein gutes Bett und eine begehbare oder etwas größere Dusche, und ich bin eigentlich schon glücklich, und wenn es dann noch in der Nähe eines Aufzugs ist, bin ich selig, denn es gibt nichts Schlimmeres, als übermüdet um Mitternacht durch die langen Gänge eines Hotelkomplexes zu irren. Alles, was Zeit kostet, geht auf Kosten des sowieso schon viel zu kurzen Schlafs. Jeder Tag unterwegs ist eine Herausforderung, und manchmal habe ich Kurioses erlebt. Normalerweise funktionieren die Reservierungen tadellos, nur wenn ich bei einer Ankunft feststelle, dass das reservierte Zimmer nicht nur das Letzte im Gang, sondern auch noch ein Raucherzimmer ist, das ich sicherlich so nicht bestellt habe, und ich dann wieder den ganzen Weg mit Koffer und Taschen zurück zur Rezeption muss, kann ich schon mal ärgerlich werden. Vor allem wenn einem ein Zimmer in Aufzugsnähe zugesichert wurde und man am nächsten früh bemerkt, dass das Hotel keinesfalls ausgebucht war.

Inzwischen ist es ein ganzer Katalog an Fragen, die ich zu stellen pflege, wenn ich verschiedene Zimmer buche. Eben weil wir schon so viel Unglaubliches erlebt haben.

Unvergessen bleibt mir die Geschichte, als ich schwer erkältet in einem Hotel ankam und das Zimmer trotz vorheriger Bitte, es warm vorzufinden, eiskalt war. Die Heizung funktionierte nicht. Und es waren noch drei Stunden bis zum Veranstaltungsbeginn. Ich rief also an der Rezeption an und erkundigte mich, wie das Zimmer erwärmt werden könne, ich sei schwer erkältet und müsse noch arbeiten. Auch wenn ich auf Vortragstour unterwegs bin, müssen Mails beantwortet werden. „Wir lassen uns etwas einfallen", war die Antwort. Nach zehn Minuten klopfte es an der Tür. Weil ich gerade telefonierte, schaute ich erst gar nicht hin, was die junge Dame vom Zimmerservice da hineinschob. Als ich aber dann doch auf die „Lösung des Hotels" schaute, staunte ich nicht schlecht: Hatte sie tatsächlich einen elektrischen „Hosenbügler" in die Steckdose gehängt! Ich weiß nicht, wie lange ich noch gelacht habe und meine Facebook-Freunde auch. Ich teilte das Foto mit dem Prachtstück, aber natürlich ohne den Namen des Hotels zu nennen. Das tue ich grundsätzlich nicht. Zum einen, weil ich nach dem Prinzip handeln will, niemanden zu kritisieren, bevor ich erst neun positive Dinge zum Loben gefunden habe, und zum anderen, weil einfach Fehler passieren können. Mein Vortragsbestseller heißt ja auch: „Der befreiende Umgang mit Fehlern"! Irgendwann brachten sie dann tatsächlich eine elektrische Heizung, und das Problem war gelöst. Ich muss gestehen, dass ich nach fünf Jahren permanent „on Tour" gelernt habe, gelassener zu bleiben und kleine Pannen mit Humor zu nehmen oder einfach Dinge zu ertragen. Meistens begleitet mich Pfarrer Franz. Wenn er nicht kann meine allerbeste Südtiroler Freundin Maria, meine Mama oder ausnahmsweise Schwester Claudia.

Aufregend war auch eine Tour, auf der mich meine Mutter begleitete. Als wir endlich am Ziel waren, standen Feuerwehr und Polizei vor dem gebuchten Hotel. Ich wollte mich unbedingt nach sechsstündiger Autofahrt noch ausruhen. Aber wir mussten warten, denn es gab einen Feueralarm, der sich aber als Fehlalarm erwies. Als alle wegfuhren, konnten wir endlich zum Eingang fahren und einchecken. Kaum begrüßte mich die Dame an der Rezeption, ging erneut der Feueralarm los. Wieder rückte die Feuerwehr an. Wieder Fehlalarm. Solange der Alarm aber ohrenbetäubend schrillte, funktionierten die Aufzüge nicht, also mussten wir warten. Bis zum 3. Obergeschoß wollten wir jetzt wirklich nicht alle Sachen hinauftragen.

Es gäbe noch viele Beispiele von verrückten Erlebnissen. Aber zum Glück gibt es doch auch immer wieder diese kleinen, wundervollen zärtlichen Begebenheiten, wo Menschen viel Einfühlungsvermögen besitzen und nachvollziehen können, was „Geschäftsreisenden", zu denen ich mich inzwischen auch zähle, die nachts übermüdet ankommen, gut tut. „Hatten Sie eine gute Anreise?", kann ich um Mitternacht kaum noch beantworten. Ein freundliches Lächeln, unaufdringliche Erledigung des Papierkrames, Hilfe beim Gepäck oder eine liebevolle Frage ob man mir/uns noch irgendetwas Gutes tun könnte, ist wohltuender als Smalltalk. Und über ein „frisch gezapftes Bierchen" freut sich nach einem langen Tag nicht nur Pfarrer Franz. In der kalten Jahreszeit darf es auch ein heißer Tee sein. Es sind so kleine Gesten, beispielsweise wenn die bestellten Brotzeitteller vorbereitet wurden, Getränke aufs Zimmer gebracht oder das zweite Kissen nicht vergessen wurde.

Ich kann nachts nicht einfach den Schalter umlegen und schlafen. So viel geht mir im Kopf herum, und je nach der Größe und den Umständen der Veranstaltung, den Verkehrserlebnissen, den Gesprächen oder Begegnungen, ist das Herz nicht frei. Dann muss ich mich an die Wärme oder Kälte des Zimmers gewöhnen, wieder in einem fremden Bett

Schlaf finden und hoffen, dass ich nach der Dusche und dem Nachtgebet rasch einschlafen kann. Leben aus dem Koffer ist manchmal anstrengend, aber es zeigt mir immer wieder, wie wenig es bedarf und was man wirklich braucht.

Manchmal finde ich eine so freundliche Atmosphäre vor, dass ich gerne einen kleinen Umweg fahre, um wieder in das gleiche Hotel zu kommen. Da steht dann in der Parkgarage mein Namensschild über dem Parkplatz, echt liebevoll, oder ein Angestellter läuft mir beim Abfahren nach, um mir ein Fläschchen Wasser für die Fahrt mitzugeben.

Gelegentlich werde ich gebeten, in die Gästebücher zu schreiben, denn oft genug werde ich bei der Begrüßung mit den Worten empfangen: „Ich kenne Sie aus dem Fernsehen."

Meistens wurde mein Vortrag in den regionalen Zeitungen angekündigt.

Vor allem freut es mich, wenn jemand vom Hotelpersonal oder der Geschäftsführung meine Vorträge dann auch noch besucht. Dies ist auch so ein Zeichen von Interesse.

Ganz besonders dankbar bin ich auch, wenn wir erst nach 11 Uhr auszuchecken brauchen. Oft beginnt der Vortrag am Abend und die Zeit muss überbrückt werden. Eine Wohltat, dann noch bis am Nachmittag im Zimmer bleiben zu dürfen. Aber das ist nicht überall der Fall. Gerne nutzen wir die Zwischenzeit, die Sehenswürdigkeiten und Kirchen anzuschauen, kleine Spaziergänge zu machen, zu beten, einen Gottesdienst zu besuchen oder im Auto noch ein Nickerchen zu machen, wenn noch eine Nachtfahrt nach Hause oder zum nächsten Ziel ansteht.

Einen ganz frohen,
gesegneten Tag
wünsche ich Euch,
wie ich's nur vermag.

Was immer auch heute
schwer fällt und schmerzt,
wir tragens mit Fassung,
tragens mit Herz.

Sind dankbar, gelassen,
ärgern uns nicht,
wissen um Christi
herrliches Licht.

Nehmen einander
liebend uns an,
tun, was zu tun ist,
dann ist es getan.

So viele andere
haben's so schwer,
sehn keinen Ausweg,
sind innerlich leer.

Schenken wir heute,
ein bisschen vom Glück,
ein Lächeln aus Liebe
kommt dreifach zurück.

Was ist los mit unserem Land?

An die bezauberndsten Orte in Deutschland sind wir schon gekommen, und es ist überall so traumhaft schön. Jede Region hat ihre Reize, ihre Naturschönheiten, ihre Geschichte und auch ihre Spezialitäten. Unser Land ist unglaublich vielseitig, und manchmal begreife ich es einfach nicht, wie so ein herrliches Land mit soviel Potenzial, Schönheit und wirtschaftlichem Erfolg, Reichtum und Vielfalt so kleinlich, jammernd, rassistisch und ablehnend sein kann.

Da verwandeln sich meine zarten Gedanken in aufbegehrende Wut. Aber darf ich das nicht sein? Als Christin, als Ordensschwester? Mein Chef hat vor 2000 Jahren die Tische im Jerusalemer Tempel umgeworfen, als Händler den heiligen Tempel zu einer Markthalle gemacht hatten. Und ich werfe mit Fragen um mich.

Seit Jahren mache ich schon meine Zuhörer darauf aufmerksam, dass mit unserem Land etwas nicht stimmt. Tag für Tag halte ich in Hotels, bei Firmen, in Gemeinden und in Restaurants Vorträge, aber vor allem auch in Kirchen.

Ich habe schon lange den Eindruck, dass wir ein Jammerland sind. Oft wird wegen jeder Kleinigkeit gejammert.

Nie vergesse ich dieses kleine Erlebnis im Kino vor ein paar Jahren. Damals schaute ich gern Science Fiction-Filme, denn ich sehe so gern zu, wie die Welt gerettet wird, weil am Ende immer auch die Menschheit gerettet wird. Bin ein großer Star Wars-Fan, schon von Kindheit an, und die „Macht sei mit Dir" finde ich herrlich. Wie die guten Jedi-Ritter die Bösen bekämpfen. Heute noch witzle ich gerne über das Raumschiff Enterprise und Mr. Spock. Alle Nationen, egal welcher Hautfarbe und Religion, kämpfen gemeinsam für das Überleben der Menschheit, und zum Glück gibt es im Film immer ein Happy End. Auch nach „Independence Day"! Nach dem Film musste ich für „Kleine Nonnen" und bei der Damentoilette war eine riesige Warteschlange. Nach ein paar Minuten Anstehen ging es mir nicht gut. Was da gemotzt wurde, weil man zwei Minuten warten musste! Ich habe mich geschämt. Vor allem weil es in jener Zeit war, als gerade in Japan dieses schreckliche Atomunglück war. Dort standen Menschen stundenlang schweigend an, um ein frisches Fläschchen Wasser zu bekommen. Sie hatten kein Dach mehr über dem Kopf oder saubere Luft. Ihre Zukunft sah düster aus. Aber bei uns?

Je besser es uns ergeht, desto mehr feilschen wir mit Sonderrabatten, Sonderangeboten und Schnäppchen. Flüge für 19,90 Euro? Sagenhaft. Die Discounter bekriegen sich mit Niedrigpreisen, und wir als Verbraucher machen mit. Sehr verbunden fühle ich mich mit den Landfrauen. Oft durfte ich auf großen Landfrauentagen vor 300 bis 800 Landfrauen sprechen. Ich bekomme mit, wie schwer es für die Familien von Bauern ist, wie sie kämpfen müssen, gegen die Billigpreise der Milch, die ihre Existenz bedrohen.

Aber so kann es doch nicht weitergehen! Immer mehr verdienen und gleichzeitig immer weniger für die Nahrungsmittel bezahlen. Interessant war, dass ich während der Wirtschaftskrise plötzlich von besonders vielen Firmen gebucht wurde. Man erkannte, dass es noch etwas anderes als Motivationsquelle geben muss, wenn es nicht der Profit ist. Wenn die Kurve stagniert und es nicht nur weiter aufwärtsgehen kann. Dann besinnt man sich auf andere Werte. Was motiviert einen Betrieb, Mitarbeiter, Führungskräfte, wenn es nicht nur das Geld ist?

Ich erinnere mich gerne, wie ich einmal vor 800 Mitarbeitern einer Baumarktkette zu einer Weihnachtsfeier eingeladen war. In 30 Minuten sollte ich zwischen Grußworten und Buffet die Mitarbeiter motivieren und ihnen einen Impuls vor Weihnachten geben. Damals hatten sie den Leitsatz:

„Ich helfe gern", und jeder Mitarbeiter trug jeden Tag einen Button mit diesem Slogan. Lange bevor der Termin näher kam, war ich inkognito und zivil gekleidet in mehreren Geschäften gewesen und habe nach irgendeiner Sache verlangt. Durchwegs wurde ich freundlich bedient. Besonders interessant war es zu sehen, wer wirklich Spaß an seinem Job hatte. Sie schauten mir in die Augen, und damit war nicht nur Blickkontakt hergestellt, sondern sie zeigten wirkliches Interesse. Wir scherzten und ich kam gut beraten und selbst fröhlich aus dem Geschäft.

Als ich meine Rede damit begann, das ich mal Probeeinkaufen war, um zu testen, ob der Slogan auch gelebt wurde, freuten sich die Mitarbeiter über mein Lob und es gab gleich Applaus, und genau über die drei Worte ihres Slogans sprach ich dann.

„ICH" – wer sind Sie eigentlich? Was motiviert Sie jeden Tag aufzustehen, in Ihren Baumarkt zu fahren und Ihren Job zu tun, egal ob Sie ein harmonisches Eheleben führen oder Streit am Morgen hatten, ihre Träume nicht erfüllt wurden oder die Kinder mit schlechten Noten nach Hause gekommen sind? Sie nehmen alles Glück oder Leid mit in den Betrieb! „Helfen" – was bedeutet das? Und gibt es einen Unterschied zwischen dienen und berufen sein und helfen, um Geld zu verdienen? Wie motiviert mich das, auch wenn es keine Gehaltserhöhung gibt?

„Gerne" – und das auch noch gerne! Und das ein Leben lang. Die meisten Menschen leben doch gefühlsmäßig von Feiertag zu Feiertag, von Wochenende zu Wochenende. Aber was passiert jeden Tag, wenn er wieder vorbei ist? Ist nicht jeder Tag des Lebens so unendlich kostbar und unwiederbringlich?

Ich sehe mich noch kurz vor dem Bühnenaufgang stehen und denke verunsichert: „Was machst du da?" –„Wie werden diese vielen jungen Erwachsenen reagieren, wenn plötzlich eine dicke, kleine Ordensschwester auf der Bühne auftaucht und sie nach dem Sinn des Lebens fragt und ihnen

Anregungen für ein erfülltes Leben gibt? Ich war damals echt mega aufgeregt. Aber nach dem Vortrag sah ich Menschen, die Tränen in den Augen hatten und mich umarmen wollten. Immer, wenn ich danach einen ihrer Baumärkte in unserer Region betrat, lachten mich die Mitarbeiter an und wir schauten uns immer in die Augen, zuvorkommend und liebevoll fragend, wie es denn geht. „Ich helfe gerne", auch wenn ich nicht „die Welt" verdiene. Jeder Tag ist so einzigartig. Warum fangen wir nicht heute, an diesem Tag, an, bewusster zu leben? Jetzt, in diesem Moment.

Immerzu verschieben wir Dinge auf den Feierabend, Wochenende, Urlaub, Rente. Wie viele hatten es ihrer Familie versprochen, kürzer zu treten, Zeit füreinander zu haben, dieses oder jenes zu tun, doch meistens erst für die Zeit der Rente! Leider funktioniert diese Lebensaufschiebe-taktik sehr selten.

Wir werden in Deutschland zwar immer älter, was ja eigentlich sehr schön ist, wenn man auf die vergangen Generationen schaut. Älter wollen ja auch alle werden, alt will jedoch niemand sein, und sterben will sowieso keiner. Das verstehe ich gar nicht! Was wäre, wenn wir 500 Jahre leben würden? 500 Jahre Zähne putzen, waschen, bügeln, zur Arbeit fahren? Manche Menschen ertragen? 500 Jahre lang? Wir könnten die ganze Welt gesehen haben. Was wir in einem Menschenleben nicht an Zufriedenheit schaffen, schaffen wir auch nicht in 500 Jahren. Meine liebe Sprecher-Kollegin Tanja Köhler lässt ihre Zuhörer gerne ein Zollstock-experiment machen. Sie sollen sich die vier Elemente eines aufgeklappten, einen Meter langen Zollstocks vorstellen und überlegen, welche Zahl sie sehen. Nach anfänglicher Irritation können sie sich mit dem inneren Auge einen Zollstock vorstellen, und dann kommen Zahlen wie 60 Zentimeter, 100 Zentmeter, 80 Zentimeter aus ihrem Publikum. Die richtige Zahl ist aber 82. Eine denkwürdige Zahl erläutert sie, denn nach dem Statistischen Bundesamt ist dies das durchschnittliche Alter der Lebenserwartung für Frauen, bei Männern sind es leider nur 78 Jahre. Dann bittet sie ihre Zuhörer, ihren Zeigefinger auf ihre persönliche Alterszahl zu legen und zu schauen, wie viele Jahre noch vor ihnen liegen, bis sie 82, bzw. 78 alt werden? Wie viel tatsächliche Zeit noch vor einem liegt, um all das zu tun, was man sich vorgenommen hat. Sie gibt in ihrem mitreißenden Buch „Das Jahr, als ich anfing, Dudelsack zu spielen" Mut, Veränderungsprozesse anzugehen. Es muss ja nicht gleich das Dudelsackspielen sein. Es kann auch der Entschluss sein, kleine Zärtlichkeiten in dieser Welt zu verstreuen. Als im März 2016 Roger Cicero starb, habe ich sein Lied tagelang angehört: „ Wenn es früh zu Ende wär', ein Schritt zu viel im Stadtverkehr, dann leb ich vielleicht heute, ein kleines bisschen mehr". Wie oft sagt unser Pfarrer Franz: „Machen wir uns heut ä schöns paar Tag". Was nichts anderes bedeutet, als bewusst zu sehen, wie schön man es doch hat, wenn man den Moment bewusst genießen kann.

Dieser neue Tag ist eine so gewaltig große Chance
die Welt zu verändern.
Denke Liebe, lebe Liebe, verschenke Liebe
und lass Dich lieben.

Überraschungseier helfen beim Beten

Von den vielen aufregend schönen Erlebnissen meiner Vortragstätigkeit bleibt der Termin auf der Zugspitze mit seinen Folgen unvergessen.

Sehr gerne kam ich der zweiten Einladung einer außergewöhnlich erfolgreichen Firma nach, die artgerechte Tiernahrung herstellt.

Schon bei der ersten Einladung in Nürnberg war nicht nur die Location, sondern auch die Begrüßung des Chefs ein besonderes Event. Er sprang vor mir auf die Bühne und sagte: „Nun kommt mein Überraschungsgast. Wenn Sie diese Frau hören, werden Sie das acht Jahre nicht vergessen." Und mein Vortrag schlug wirklich sensationell ein. Als er ein paar Jahre später anrief, meinte er, es wäre wieder an der Zeit, mich einzuladen, und er hätte schon die passende Location gefunden – auf 2962 Metern Höhe, auf der Zugspitze. „Meine Güte, bekomme ich da überhaupt Luft?", war meine spontane Reaktion.

Leider kamen wir wegen einiger Staus später an, zudem regnete es in Strömen. Zum Glück begleiteten mich damals einige liebe Freunde. Als wir in der Bergstation ankamen, suchten wir vergebens die Gruppe. Ich erkundigte mich überall. Aber in keinem der Räume war sie zu finden. Mir wurde es schon mulmig.

„Das wird doch nicht etwa die ‚Versteckte Kamera' sein?", schoss es mir durch den Kopf. Ich musste mich erst beruhigen. Dann hörten wir die Durchsage: „Schwester Teresa bitte zur zweiten Gondel kommen."

Wir schauten uns sprachlos an. Eine zweite Seilbahn fuhr zum Veranstaltungsort! Na Gott sei Dank. Dort wurde ich freudestrahlend erwartet. Was für ein toller, außergewöhnlicher Ort für ein Seminar! Liebevoll und begeistert wurde ich willkommen geheißen, und ich fühlte mich großartig.

Ich hielt meinen Vortrag von den „7 Überraschungen aus der Bibel, um erfolgreich zu sein". Nach jedem Punkt konnte jemand, der bereit war, meine Veränderungstipps aus der Bibel anzunehmen, ein Überraschungsei von mir abholen. Der erste Punkt war, dass wir mit Gott handeln dürfen.

Sofort meldete sich ein Mann. Eine Woche später schrieb mir sein Sohn, der auch dabei war, eine Nachricht auf Facebook. „Liebe Schwester Teresa, sie werden es nicht glauben. Na ja, doch, Sie werden es glauben. Sie haben uns damals gesagt, dass sich nach vier Wochen etwas tun wird, aber ich glaube, Gott hat schon nach einer Woche etwas bewirkt. Ich halte Sie auf dem Laufenden." Ich freute mich unglaublich und dankte Gott.

Kurz vor dem Ende der vier Wochen meldete sich der junge Mann ganz aufgeregt: „Es ist etwas passiert, liebe Schwester! Mein Vater hat jeden Abend das Überraschungsei am Nachtkästchen liegen, er nimmt es in die Hand und spricht mit Gott. Aber unser jüngstes Geschwisterchen hat das Ei entdeckt und die Schokolade gegessen. Ob das jetzt immer noch hilft?"

Ich musste laut lachen und schrieb ihm zurück: „Keine Sorge, die Schokolade ist dabei ganz unwichtig, es kommt nur auf das Gebet an." Was war das für ein zauberhafter Moment! Gott hat etwas bewirkt und ein Schokoladen-Überraschungsei hat dabei geholfen, sich täglich zu erinnern, um mit Gott in ein vertrauensvolles Gespräch zu kommen. Auch jetzt noch, wenn ich darüber nachdenke, lächle ich zärtlich meinem Gott zu. „Du bist so unglaublich großartig, lieber Gott"

Du bist einzigartig.
Geliebt.
Unwiederbringbar.
Einmalig.
Unbeschreiblich.
Behütet.
Geschaffen.
Erwählt.
Lebendig.
Mach was draus!

Gott liebt verrücktes Vertrauen

Im Schwarzwald brachte Gott durch die Überraschungseier wieder einiges in Bewegung. Es war bei einem evangelischen Frauenfrühstück. Damit mehr Sitzplätze im Gemeindehaus zur Verfügung standen, entschloss man sich, keine Tische in den Saal zu stellen und stattdessen ein Stehfrühstück an Bistrotischen anzubieten. Ich reiste wie gewöhnlich 30 Minuten vor meiner geplanten Redezeit an. Schließlich mussten wir in aller Frühe dreieinhalb Stunden anreisen. Während ich den Beamer und mein Laptop aufbaute, wurde der Büchertisch von meiner Begleitung hergerichtet. Dann trank ich meinen Kaffee, aß ein bisschen Jogurt und es ging los. Frohgemut waren die Besucherinnen, und ich begann meinen Vortrag damit, dass ich ihnen mit sieben Überraschungen aus der Bibel präsentieren wollte, wie ihr Leben gesegnet, erfüllt, geheilt, ermutigt, bestätigt, herausgefordert und motiviert wird – und was es mit den Überraschungseiern auf sich hat, die ich mitgebracht hatte. Wenn jemand sich innerlich gedrängt oder sich von Gott angesprochen fühlte, die Tipps aus der Bibel auszuprobieren, dürfe er nach vorne kommen und sich ein Ei abholen. Und so erzählte ich von der zweiten Überraschung, die ich in der Bibel gefunden hatte: „Gott verlangt verrücktes Vertrauen." Ich erzählte ihnen von Naaman, dem Feldherren, der unter einer schlimmen Hautkrankheit litt. Eine Sklavin gab ihm den Tipp, dass es einen Propheten in Israel gäbe, der ihm helfen könnte. Und so machte er sich auf dem Weg, kam mit großem Gefolge zum Hause des Propheten Elischa, der aber das Spektakel nicht mitmachen wollte und einen Boten zu ihm schickte. Das war in der damaligen Kultur ein echter Hammer. Statt ihn zu begrüßen, ließ ihm Elischa ausrichten, er solle zum Jordan gehen und sich dort siebenmal waschen. Vielleicht kann man heute verstehen, dass Naaman ausflippte. Er sollte sieben Mal untertauchen? In Damaskus gab es die besten Ärzte und das sauberste Wasser, und nun sollte er in diese Jordan-Brühe steigen und sieben Mal dippen? Er war nah dran, beleidigt abzureisen. Der Bote aber versuchte, ihn zu beruhigen, und ging ihm nach. Als ob der Prophet etwas Unmögliches von ihm verlangt hätte! Aber nein, er sollte doch nur sieben Mal im Jordan untertauchen. Für Naaman komplett unlogisch, völlig irrational! So etwas Verrücktes verlangt Gott von ihm? Ok, er ließ sich schließlich dennoch darauf ein. Einmal ... zweimal .... dreimal tauchte er unter. Wieso denn sieben Mal? Wieso genügte nicht drei Mal? Und, was geschah? Nach dem siebten Mal hatte er eine Haut wie ein Baby-Popo! Gott verlangt manchmal verrückte Dinge, ein verrücktes Vertrauen. Und das nicht nur im Alten Testament.

Auch heute noch! Und ich erzählte meinen Damen eine bewegende Geschichte, die sich in unserer Zeit ereignet hat. Eine junge Frau in den USA besuchte einen Abendgottesdienst in ihrer Gemeinde, bei dem es darum ging, mehr auf Gottes Stimme zu hören und ihm gehorsam zu sein. Das wünschte sich die junge Frau schon lange. Sie bat Gott inständig um ein gehorsames Herz und um den notwendigen Mut, auch das zu tun, was er von ihr möchte. Nach dem Gottesdienst ging sie noch in den Supermarkt eines Einkaufszentrums. An einer bestimmten Stelle im Laden sprach plötzlich eine Stimme in ihr: „Mach hier einen Handstand und schreie!" Irritiert hielt sie inne, und es schoss ihr durch den Kopf: „Na, das kann doch wohl nicht wahr sein. Gott, bist du das wirklich? Ich mache mich doch vollends lächerlich!" Sie ging ihren Einkäufen weiter nach, aber der Heilige Geist ließ nicht locker. Immer wieder drängte er sie, und schließlich gab sie nach. Als sie sich unbeobachtet fühlte, versuchte sie einen Handstand zu machen und schrie auf. Sie wollte schnell wieder verschwinden, als sie plötzlich ein lautes Schluchzen hörte. Es kam von der Galerie über ihr. Sie erblickte eine junge Frau und fuhr mit der

Rolltreppe nach oben. „Wieso haben Sie das getan?", fragte die völlig Aufgelöste. Aber wie sollte sie das bloß dieser fremden Frau erklären?

Da erzählte ihr die Weinende, dass sie hier gestanden hätte und gebetet hatte: „Gott, wenn es dich gibt, dann lass da unten eine Frau einen Handstand machen und laut aufschreien – und ich nehme mir nicht das Leben!"

Beide waren tief beeindruckt von Gottes Gnade und Barmherzigkeit. Ein Handstand rettete damals dieser jungen Frau wohl ihr Leben.

Als ich die Geschichte beendet hatte, riss eine meiner Zuhörerinnen beim Frauenfrühstück sofort ihrem Arm in die Höhe. Sie wollte das Überraschungsei haben, noch bevor ich mein Publikum fragen konnte, ob jemand hier unter uns sei, der meinte, etwas Verrücktes tun zu müssen, um einen anderen Menschen zu retten oder wieder Gott näher zu bringen. Nach dem Vortrag vertraute mir die junge Frau ihre Reaktion an. „ICH geh auf keinen Fall da vor!", hatte sie zu sich gesagt. Sie konnte sich nicht einmal erklären, warum sie den Arm hochgerissen hatte. Aber nun wisse sie es genau, was sie tun muss: Sich mit ihrem Bruder versöhnen, mit dem sie seit Jahren kein Wort sprach.

Ich hatte Tränen in den Augen. Ich glaube, dass der Heilige Geist auch heute Menschen zu verrückt-schönen Dingen anstachelt, um andere zu überraschen und ihnen Gutes zu tun. Gott hat so viele Möglichkeiten. Und ich könnte Ihnen, liebe Leser und Leserinnen, noch eine Menge solcher verrückter Geschichten erzählen. Immer hat es mit dem Vertrauen zu tun. Gott ermutigt uns durch viele Dinge unsere festgefahrenen Vorstellungen von Ihm über Bord zu werfen, wie dies oder jenes in unserem Leben zu funktionieren hat. Manchmal kitzelt er da etwas aus uns heraus und spornt uns an: „Mach etwas, was deinem Lebenskonzept überhaupt nicht entspricht." Dann fordert er einen vielleicht dazu auf, eine verrückte Sache zu machen, und plötzlich erleben wir IHN ganz unerwartet, sanft, konkret, menschlich. Das Leben mit diesem Gott ist nicht langweilig. Es ist nicht nullachtfünfzehn. Ganz im Gegenteil – es kann sogar sehr aufregend sein, sich auf sein Abenteuer einzulassen. Auch wenn er der souveräne Gott ist, der unberechenbare, hat er doch immer wieder gezeigt, dass ER für Überraschungen gut ist, damit wir aus der Gewohnheit festgefahrener Strukturen ausbrechen. Und wenn es mit einem argentinischen Jesuiten ist. Also wie steht es mit Ihnen? Wollen Sie auch ein Überraschungsei?

Ich habe Dich lieb.
Gerade weil Du die Welt wieder nicht begreifst.
Weil Dir alles so krank vorkommt.
Weil Du Dich nach Liebe sehnst. Und Frieden.
Und manchmal in Ruhe gelassen werden willst.
Ich hab Dich lieb.
Auch wenn Du Dich nicht lieben kannst,
Schuldgefühle empfindest, obwohl der andere böse war.
Weil Dich wütend macht, dass andere so grob sind.
Ich hab Dich lieb.
Weil Du Deine große Liebe vermisst.
Deinen Ehemann,
Dein Kind,
Deine Geschwister,
Deine Freunde.
Auch wenn Du froh bist, dass sie nicht mehr leiden müssen.
Du möchtest schreien und weinen, weil sie fehlen.
Ich hab Dich lieb.
Erst recht, weil Du keine Worte findest.
Weil Heuchelei Dich schweigender macht.
Manchmal sind so schwere Tage.
Ich hab Dich lieb und möchte mit Dir aushalten.
Weinen und wütend sein. Ich kann Deine Situation
nicht ändern, aber für Dich beten.
Und morgen fangen wir wieder an.
Zu leben, zu kämpfen, zu lieben.

Die Zärtlichkeit Gottes ist überall

In der ersten Zeit als Christin spürte ich Gottes Gegenwart in meinem Leben sehr stark und in allem, was mir begegnete. Alles war mir plötzlich heilig. Die Kirche, das Weihwasser, Gottesdienste und Gebete. Eine einfache Kerze anzuzünden war für mich ein inniger Moment, weil ich dachte, wenn ich jetzt bete, kommt ER vielleicht und hört sich mein kleines Gebet an. Ich war überzeugt: ER wird den Boden betreten, in der Luft sein, die ich atme, oder vielleicht sogar in mir.

Ich hatte einen Riesenrespekt davor, Gottes Namen einfach so in den Mund zu nehmen. Und wenn ich es tat, sollte es etwas Besonderes sein. Sich hinzuknien, die Arme zu erheben, IHN einzuladen und zu lauschen, ob ER antwortet, war spannender als jeder Krimi. Wenn es diesen Gott tatsächlich gab und ich dem glaubte, was ich da in der Bibel gelesen hatte, so war er ja immer da. Immer und überall. In jedem Lebewesen, jedem Grashalm, jedem kleinsten Geschöpf. Früher bin ich durch den Wald gerannt, um meine Trainingseinheit zu absolvieren. Da waren mir der Pulsschlag und die Minuten bis zum nächsten Intervall, die Kilometer und die Erholungsphase wichtig. Und natürlich ist so ein Wald schön, aber jetzt war da plötzlich viel mehr. Ich musste wie blind gelebt haben angesichts dieser inneren Freude und Wahrnehmung, die ich nun als Gläubige hatte. Nie hatte ich mir Gedanken gemacht, warum es die Natur gab. Sie war da, sie war wunderschön, und mehr war da früher nicht für mich.

Und nun gab es so viel Schönheit, so viel Glanz. Nur Gott konnte dahinter stecken. Oft war ich so überwältigt von dieser Pracht, dass es mich fast umgeworfen hätte.

Ich erinnere mich an eine Wanderung, die ich kurz vor

meinem Klostereintritt auf die Serles, einen Berg in Tirol, machte.

Ich konnte die Erhabenheit und Herrlichkeit dieser Wiesen und massiven Felsen kaum ertragen, so schön war das. Mir kamen immerzu die Tränen. Überall sah ich die Handschrift Gottes. Wie muss ER uns Menschen nur lieben, um uns so eine majestätische Erde zu schenken! Wo sonst, wenn nicht in der Natur, könnten wir Gottes Zärtlichkeit deutlicher bemerken? Auch wenn ich mit meiner Gemeinschaft inzwischen viele Reisen machen durfte und an vielen berühmten Sehenswürdigkeiten dieser Welt war, an den Iguazú-Wasserfällen in Brasilien oder bei den Riesenmammutbäumen im Yosemite Nationalpark in Kalifornien, den Weinreben in St. Emillion in Frankreich oder am Strand von Achill Island in Irland, gesessen habe. Das alles erleben zu dürfen war fantastisch, wunderschön, großartig.

Aber auch eine weiße Rose aus unserem Garten in einem kleinen Väschen auf meinem Schreibtisch vorzufinden, macht mich unendlich glücklich. Und zu wissen, dass in Südtirol meine allerliebsten Freunde weiße Rosen für mich in ihrem Garten gepflanzt haben, um mich zu erfreuen, das empfinde ich als große Zärtlichkeit der Liebe und ich bin wieder überwältigt. Wie dankbar bin ich den vielen Veranstaltern, wenn ich einen Blumenstrauß nach dem Vortrag erhalte. Wir bemühen uns, ihn immer gut nach Hause zu bringen. Dann zehrt die ganze Gemeinschaft davon, und alle haben ihre Freude daran.

Oder Pfarrer Franz zu sehen, wenn er aus unserem Garten kommt. Seine Blumen sind sein ganzer Stolz. Ihm seine Freude anzusehen, ist sogar noch mehr wert als der Anblick der Blumen selbst. Je älter ich werde, desto ergriffener bin ich von den kleinen, zarten Dingen, betrachte die Schönheit und das Wunder eines einzigen Blattes. Wie idyllisch sind die Karpfenweiher um unser Dorf herum. Ich jauchze auf, wenn bei langen Autofahrten ein Sonnenstrahl auftaucht, ein See, ein Berg.

„Schau mal", sage ich dann immer. „Ist das nicht wunderschön? – „Danke, mein Gott"

Papst Franziskus hat es in seiner Enzyklika „Laudato si" so vortrefflich formuliert:

„Das ganze materielle Universum ist ein Ausdruck der Liebe Gottes, seiner grenzenlosen Zärtlichkeit uns gegenüber. Der Erdboden, das Wasser, die Berge – alles ist eine Liebkosung Gottes. Die Geschichte der eigenen Freundschaft mit Gott entwickelt sich immer in einem geographischen Raum, der sich in ein ganz persönliches Zeichen verwandelt, und jeder von uns bewahrt in seinem Gedächtnis Orte, deren Erinnerung ihm sehr gut tut. Wer in den Bergen aufgewachsen ist oder wer sich als Kind zum Trinken am Bach niedergesetzt hat oder wer auf dem Platz in seinem Wohnviertel gespielt hat, fühlt sich, wenn er an diese Orte zurückkehrt, gerufen, seine eigene Identität wiederzuerlangen."

Wie Recht er hat. Es zieht uns zu den Orten, in die Regionen, in das Land, wo unsere Wurzeln sind.

Im August, in der vortragsfreien Zeit im Urlaub, verbringen wir die erste Woche meistens in Kroatien am Meer, weil ich an meinem Geburtstag natürlich bei meiner Mama sein möchte. Sie ist während der Sommermonate dort und betreut die Apartments und Gäste ihres Ferienhauses.

Und es braucht nur ein paar Tage, und wir sind trunken von der Sonne, dem herrlichen Meer, dem Salz auf der Haut, den Gerüchen der Fische am Grill. Herrlich ist es, mit meiner Mitschwester im Meer zu schwimmen und nicht aus dem Wasser zu wollen, bis die Finger schrumpelig sind. Schnorcheln und kleine Fische beobachten, ein Buch lesen oder in mein Tagebuch malen. Pfarrer Franz beobachten, wie er seine Zeitung liest oder mit dem Rad die Küste entlang fährt und mit Kopfhörern bewaffnet seine Musik hört, ist köstlich.

Die Siesta am Mittag, das Orchester der Grillen am Abend, die Sonnenuntergänge, die man bis zur letzten Sekunde genießen will, die Dorfkirche und den Marktplatz besuchen, wo das Leben der jungen Leute pulsiert.

Lange bis in die Nacht auf dem Balkon zu sitzen, sich alte Geschichten zu erzählen und wieder mal kroatisch, meine Muttersprache, zu sprechen. Das ist meine kleine Heimat, unser kleines Paradies, das Gott uns geschenkt hat und meine Mama uns möglich macht.

Nirgends erhole ich mich so schnell wie hier, und dann geht's nach Südtirol, zu unseren Freunden, den Bergen, den Apfelbäumen, Wallfahrtsorten, der Stille und freundlichen Menschen. Die Abkühlung auf den Bergen tut gut. Die sauberen Bergbäche und faszinierende Ausblicke. Hier kann man sich nicht satt sehen.

Bei unseren Freunden dürfen wir wie zu Hause sein und abgeschirmt, denn in Südtirol bin ich durch viele Vorträge und Auftritte bekannt. Noch ein Stückchen Paradies, und oft denke ich: Wie will Gott noch einen draufsetzen, wo hier schon alles so herrlich ist? Aber die Natur ist auch unberechenbar: Ein Gewitter am Meer oder ein Hagelschauer in Südtirol kann einem Angst und Bange machen. Von einem Augenblick zum anderen spüren wir wieder, wie klein und ohnmächtig wir Menschen sind. Welche Naturgewalten uns umgeben und wie plötzlich eine Kraft ausbricht, die alles zerstören kann. Unzählige Menschen mussten das in den letzten Jahren auf tragische Weise durch die Unwetterkatastrophen auch in Deutschland erleben. Wie aus kleinen Rinnsalen wütende Fluten wurden. Menschen verloren ihr Leben, weil sie anderen helfen wollten. Zerstörte Häuser und Existenzen. Auch wenn die Solidarität unglaublich groß war – wann begreifen wir Menschen, dass sich das Klima geändert hat, die gefürchteten Prognosen eintreffen? Traurig werde ich und könnte laut weinen, wie wir mit unserer Erde umgehen, wie wir mit Menschen umgehen. Wir brauchen eine neue Zärtlichkeit im Umgang mit unserer Erde. Jetzt sofort! Das fängt bereits bei den kleinen Dingen unseres Alltags an. Wütend werde ich zum Beispiel, wenn ich sehe, dass man Orangen von ihren natürlichen Schalen trennt, sie in Plastik verpackt und so im Supermarkt anbietet. Uns ist nicht mehr zu helfen! Lange ging mir ein Gespräch mit einer jungen Studentin nach einem Vortrag nach. Sie kam und erzählte mir, dass sie ein Studium mache, um unsere Umwelt und Natur zu retten. Ich staunte. Aber da brach sie in Tränen aus. Alle in ihrer Umgebung würden sich über sie lustig machen. Doch schon als Kind hätte sie diesen Wunsch, sich für die Umwelt einzusetzen, in sich gefühlt. Ich versuchte mit Nachdruck, ihr meine Anerkennung auszusprechen und sie zu ermuntern weiterzumachen. Sie werde so dringend gebraucht in dieser Welt. Gerade die stillen, sensiblen, mutigen Menschen, die für Gottes Schöpfung eintreten, heilen unsere laute, brutale, geldgierige Welt. Oh, wie wünsche ich mir, dass sie nie aufgibt. Ich erinnerte sie an Felix Finkbeiner, der 2007 als Neunjähriger „Plant-for-the-Planet" ins Leben rief. Bis heute wurden durch seine Organisation 14.195.045.611 Bäume gepflanzt. Ich durfte ihn einmal erleben und sehen, wie er Tränen in die Augen bekommt, wenn er Erwachsenen begreiflich machen will, wie es um die Zukunft unseres Planeten steht. Was hat dieses Kind nicht alles schon geschafft! Gott braucht sie, und er braucht uns alle. Dass Gott sogar einen Floh gebrauchen kann, um Menschen zu retten, führte mir eine Episode aus der Lebensbiographie von Corrie ten Boom vor Augen. Sie und ihre Familie waren so mutig und versteckten während des Krieges Juden vor den Nazis in ihrem Haus und wurden in das Konzentrationslager Ravensbrück deportiert. Eines Abends bedankte sich ihre Schwester sogar für die Flöhe. Das war Corrie dann doch zu viel. Nein, das konnte sie nicht. Aber Wochen später erfuhr sie, dass genau diese Flöhe verhinderten, dass die Wärterinnen regelmäßig in ihre Baracken kamen und womöglich ihre versteckte Bibel, mit denen sie den anderen so viel Mut machen konnten, entdeckt hatten. Es gibt so einzigartige Menschen, die vor jedem Geschöpf Respekt haben, weil Gott es geschaffen hat.

Mit unserem Papst Franziskus möchte ich beten:
„Allmächtiger Gott,
der du in der Weite des Alls gegenwärtig bist
und im kleinsten deiner Geschöpfe,
der du alles, was existiert,
mit deiner Zärtlichkeit umschließt,
gieße uns die Kraft deiner Liebe ein,
damit wir das Leben und die Schönheit hüten.
Überflute uns mit Frieden,
damit wir als Brüder und Schwestern leben
und niemandem schaden."

Papst Franziskus

Alles, aber auch wirklich alles,
erinnert mich daran,
dass wir geliebt sind und dass Gott uns bewegt,
diese Liebe in die Welt zu tragen.
Fangen wir bei uns an.
Wer sich selbst nicht liebt,
kann andere auch nicht lieben.
Fangen wir in unserer Familie an,
beim Nachbarn, bei dem,
der uns heute begegnet.
Auch heute möchte ich wieder erfüllt sein von Liebe
und rufe Euch zu.
Seid gesegnet, kostbare geliebte Freunde.

Eine besondere Anerkennung

Wenn man mehrere Tage oder Wochen auf Vortragstour unterwegs ist, bleibt eine Menge Kram im Büro liegen. Also sind die Tage zu Hause gespickt damit, Rechnungen zu schreiben, Emails zu beantworten, Gottesdienste vorzubereiten und Telefonate zu führen. An manchen Tagen steht das Telefon nicht still. So wie an diesem besonderen Tag. Ich war gerade dabei, meinen Glaubenskurs „Entdecke Deine geistliche Gabe" für meine eigene Gemeinde vorzubereiten, als es wieder läutete.

Der Mann am anderen Apparat fragte mich, ob ich am 15. Oktober 2013 frei wäre. „An meinem Namenstag?", erwiderte ich, „um was geht's denn?" Sicher ging es um einen Vortrag, denn das war ja jetzt mein Lebensinhalt. Aber sofort schoss es mir in den Kopf: „Ich fürchte, da bin ich schon belegt mit der Aufzeichnung meiner Kochsendung in München".

„Wir möchten Ihnen eine Auszeichnung geben!", sagte der nette Herr. „Eine Auszeichnung? Was denn für eine Auszeichnung?", fragte ich verdutzt zurück. In diesem Moment kam Pfarrer Franz ins Büro, und ich ließ ihn mithören. Der Mann sagte etwas, aber wir verstanden nicht. „Könnten Sie das bitte noch einmal wiederholen?", bat ich ihn. „Wir möchten Ihnen die Verdienstmedaille des Verdienstordens der Bundesrepublik Deutschland überreichen, und wir wollen es durch unseren Landrat in Bayreuth tun. Die Feierstunde soll am 15. Oktober im Landratsamt stattfinden. Jetzt bräuchten wir aber noch Ihre neue Adresse, um die Einladungen verschicken zu können!"

Ich war einfach sprachlos, aufgeregt und überwältigt

zugleich. Nach ein paar Erläuterungen, wie das Ganze ablaufen sollte und wen ich mitbringen dürfte, bedankte ich mich, versprach, den Termin zu regeln und verabschiedete mich.

Uns Beiden liefen die Tränen die Wangen hinunter und wir wussten nicht, sollten wir uns freuen, lachen oder weinen? Ich sollte für all das, was ich als Gemeindereferentin in siebzehn Jahren im Landkreis Bayreuth und vor allem in der Gemeinde in Pegnitz geleistet hatte, geehrt werden. Zuerst informierte ich meine Mitschwester, die in der Pfarrei unterwegs war, und auch sie war überwältigt. Ich rief meine Mama an, meine beste Freundin, und zog mich danach zurück. Ich musste das erst mal verdauen, denn mein Herz konnte so eine Ankündigung überhaupt nicht fassen. Vor allem, als ich erfuhr, dass der Vorschlag zwei Jahre vorher von mehreren Personen eingereicht und dann alles geprüft wird. Natürlich sollten nur die eingeweiht werden, die ich mitbringen würde, und Stillschweigen bewahrt werden. Das kam mir sehr bekannt vor. So war es auch, als ich 2004 den Kulturpreis für Musik- und Gegenwartsliteratur erhielt und nach unserem 100.000 Euro-Gewinn in der Quizshow bei Jörg Pilawa. Da mussten wir sogar einen Vertrag unterschreiben, dass wir bis zur Ausstrahlung der Sendung niemandem sagten, dass wir teilgenommen hatten und wie viel wir gewonnen haben. Ansonsten hätten wir 6000 Euro Strafe zahlen müssen. Die Aufzeichnung der Quizshow war im Mai, und im Oktober wurde es erst gesendet! Wir waren also perfekt darin geübt, aber auch wirklich niemandem etwas zu sagen.

Meine Familie und Gemeinschaft, meine besten Freundinnen und Freunde, Vertreterinnen der neuen und alten Gemeinde, unsere Pfarrer und Bürgermeister waren eingeladen, und alle hielten dicht. Nach der offiziellen, liebevollen Ehrung, vielen Fotos und Interviews, feierten wir anschließend im kleinen Kreis dieses große Ereignis meines Lebens.

Am nächsten Tag war ich gleich im Bayerischen Fernsehen in der Sendung „Wir in Bayern" eingeladen und war gerührt über das öffentliche Interesse.

Am meisten bewegte mich jedoch die große Anteilnahme und Mitfreude vieler Menschen, die mich noch gar nicht kannten, meiner Freunde auf Facebook und zahlreicher Gratulanten, die mir persönlich schrieben. Für mich war jedoch klar, dass diese Ehrung meinem Gott und meiner Gemeinschaft gehört. Dieser verschwenderische, großzügige Gott, der mir so viele Talente geschenkt hatte. ER war es doch, der mir die Kraft, die übergroße Freude am Dienen und manchmal verrückte Ideen gegeben hat. ER gibt mir jeden Tag die Kraft aufzustehen. ER lässt mich nicht müde werden, Menschen zu ermutigen. Es ist ja SEIN Segen, SEINE Gnade, die er aus SEINER göttlichen Lebensfülle über SEINE Kinder ausgießt und wir dürfen diesen Segen weitergeben.

Ich bin überzeugt, dass er uns hilft, durch jeden guten Gedanken Menschen zu segnen. Immer wieder bekomme ich Rückmeldungen auf Facebook, wie tröstlich die Worte sind, die ich oft in der Nacht schreibe, um sie zu verschicken.

Sie kommen mir einfach in den Sinn, auch die Gedichte. Ich denke nicht nach, ich lasse sie einfach aus meinem Herzen fließen. Es sind SEINE Liebkosungen, SEINE zärtlichen Aufmunterungen.

Und wir sind Seine Gemeinschaft, ein klitzekleiner Mosaikstein in unserer großen Kirche. Ohne diese treuen Gefährten wäre ich nie im Stande gewesen und bin es bis heute nicht, all das zu tun. Gott hatte Menschen an meine Seite gestellt, die ebenso erfüllt waren mit der Freude, Gemeinde aufzubauen und die frohe Botschaft überall hinzutragen. Sie ermuntern mich, stärken mich, glauben an mich, trösten mich, unterstützen mich, wo und wie sie können. ER hat uns gemeinsam das Charisma der Freude und Begeisterung für den Glauben und die Menschen geschenkt. Pfarrer Franz und Claudia und all unseren Freunden gehört diese Ehrung, denn wir sind eins in unserer Berufung, in unserer Liebe zu Gott, den Menschen. Das kleine Abzeichen der Verdienstmedaille trage ich jeden Tag an meinem Pullunder. Jeden Tag erinnert es mich daran, mein Bestes zu geben. Und mein Bestes ist meine Liebe und Freude über meinen Gott.

Als mich ein Jahr später die evangelische Schriftstellerin Nicola Vollkommer fragte, ob sie für ihr neues Buch von mir schreiben dürfte, sagte ich nur zögernd zu. „Aber ich möchte es erst lesen", antwortete ich. Sie hatte mich kennengelernt, als ich vor Lehrkräften einer evangelischen Schule zwei Vorträge hielt. War sie Mäuschen in meinem Herzen gewesen? Noch nie hatte jemand so mein Leben und meine Gefühle in Worte gefasst. Ich war wieder sprachlos, als ihr Buch „Menschen, die die Welt bewegen. Das Geheimnis geistlicher Vorbilder entdecken" 2014 erschien. Ich weinte erneut vor Rührung, als ich es in den Händen hielt. Sie präsentiert „zehn lebendige Portraits von Menschen wie Paul Gerhardt, C.S. Lewis, Irena Sendler, Margarete Steiff, die Spuren hinterlassen haben", wie es auf dem Buchcover hieß. Was für eine Anerkennung und Ehre. Ich kam mir so klein und unvollkommen wie nie zuvor vor. Gott weiß, wie schwach ich bin, ich kann Nicola nur von Herzen danken.

Mit meinem ganzen Herzen sag ich Dank
dem Gott, der liebt und Leben gibt,
für jeden Tag und jede Nacht,
für Seine Art, wie er mich liebt.

Ich geb zurück, was Er mir gab
aus Seiner Gnade mich beschenkt
und bring ihm Lob und Ehre dar
vertrauend, dass er alles lenkt.

So sag ich Dank, bitt um Erbarmen,
will morgen alles besser tun
und berge mich in seinen Armen
und will in seinem Frieden ruhn.

Ich bring auch die, die mich drum baten,
um mein Gebet vor Angst und Not,
seid behütet, vor allen Sorgen,
vor Krankheit, Arglist und dem Tod.

Seid umfangen von der Liebe,
zärtlich berührt von Gottes Kraft,
und Morgen sehen wir uns wieder,
von seinen Engeln gut bewacht.

Gott segnet gewaltig durch das Abenteuerland

Was würde es bei Ihnen auslösen, wenn Sie wüssten, dass es eine katholische Gemeinde gibt, in der 170 Kinder mit ihren Familien regelmäßig zur katholischen Messe kommen?

Dass zwischen den Jahren 2000 und 2011, sogar an die 250 bis 300 Kinder mit ihren Familien freiwillig alle vierzehn Tage zum katholischen Gottesdienst kamen? Wenn ich Ihnen über 40 Gemeinden in Deutschland nennen könnte, die dieses gesegnete und erfolgreiche Kindergottesdienst-Modell übernommen haben? Seit Jahren reise ich herum und stelle das Abenteuerland vor. Von Stralsund bis Singen führe ich andere ein, wie sie mit ebenso viel Erfolg kindgerechte, lebensfrohe und begeisternde Kindergottesdienste feiern können. Und überall, wo begonnen wurde, haben die Gemeinden volle Kirchen.

Das einzige, was mich in unserer katholischen Kirche wundert, ist, dass es bislang da „oben" völlig unbeachtet blieb und viele Pfarrer nicht interessiert! Oder sie wissen es schlicht einfach nicht.

Alle stöhnen über die Flut der Kirchenaustritte, die leeren Kirchenbänke, die wachsende Unzufriedenheit, das Fehlen von ehrenamtlichen Mitarbeitern, Kindern und Jugendlichen, und wir erleben seit nun 20 Jahren volle Kirchen und begeisterte Gläubige. Wenn wir je Gottes zärtliche Zuwendung erlebt haben, dann ist es das Geschenk des Kinder-Abenteuerlandes. Wenn Kinder fragen, „wie oft sie noch schlafen müssen?", um in die Kirche zu dürfen, oder sagen, „dass der Kindergottesdienst schöner sei, als die Sendung mit der Maus", berührt das nicht bis ins tiefste Herz?

Doch nun von Anfang an: Nach jahrzehntelanger Ge-

meindearbeit waren wir eines Tages unter Tränen aufge-
wacht, weil uns bewusst geworden war, dass die Kinder verloren gingen. Sie kamen vor der Kommunion nicht in unsere
Gemeinde und nach der Kommunion auch nicht mehr. Egal,
welchen Aufwand wir bei den Kindergottesdiensten, den
Erstkommunionfeiern oder Familienwochenenden betrie-
ben – nach wenigen Wochen war die Mehrheit der Kinder
und Familien wieder weg. Es war mehr als ein Zufall, dass
wir die Willow Creek-Gemeinde bei Chicago kennenlernten. Jeden Sonntag zieht die Gemeinde, die keiner Denomi-
nation angehört, tausende von Gottesdienstbesuchern an.
Wir wollten uns selbst vergewissern, ob es wirklich stimmte, dass dort Kirchendistanzierte in Strömen kommen und
5000 Kinder die herrlichsten Kindergottesdienste erleben.
Voller Vorurteile und Skepsis reisten wir damals nach Chicago. Nach drei Tagen in dieser amerikanischen Gemeinde,
die uns mit Freude aufgenommen hatte, waren wir reichlich
irritiert. Bisher hatten wir insgeheim geglaubt, dass unsere
Katholische Kirche den heiligen Geist gepachtet hat. Wieso trieb er sich hier rum? Wir flogen verstört nach Hause.
Was machten wir falsch? Dank verschiedener Kongresse
der Willow Creek-Gemeinde, die wir mit unseren Mitarbeitern besuchten, begriffen wir allmählich, was hinter
ihrer Leidenschaft, den Werten und der kreativen Verkündigung für Kinder stand. Das waren wirklich kindgerechte
Kindergottesdienste. Unsere Gottesdienste dagegen waren
Alibi-Gottesdienste. Ein Anspiel, ein paar Lieder und nette
Sätze an die Kinder, aber dann kam der liturgische Teil des
Hochgebetes, mit dem vor allem die jüngeren Kinder nichts
anfangen konnten. Ich glaube sogar, dass sich viele Erwachsene damit schwer tun, obwohl es doch die „Mitte unseres
Glaubens" ist.

Wir wussten, wir konnten das Modell nicht kopieren,
aber wir konnten lernen, etwas davon umzusetzen. Viel Gebet, Tränen und Begeisterung brauchte es, aber unsere Vi-
sion, dass der Gottesdienst die schönste Stunde der Woche

sein soll, hatte sich rasch erfüllt. Unser ganz normaler Katholischer Gottesdienst wurde zum Abenteuer und bestand nun aus drei Teilen: der Spielstraße im Pfarrzentrum vor dem Gottesdienst, einer kreativen Katechese und Kleingruppen, die während der „Erwachsenen-Predigt" stattfinden und in denen die Kinder das Evangelium vertiefen konnten.

Der Gottesdienst beginnt mit einem Countdown, 10-9-8-7-6, und bei 0 zieht der Pfarrer mit den Ministranten ein. Alle Lieder sind mit Bewegungen verbunden und nach der Begrüßung, dem Kyrie und Tagesgebet überlässt der Pfarrer die Katechese der Gemeindereferentin und den Laien den Wortgottesdienstteil. Wir arbeiten mit Leinwand und Beamer, wo alle Lieder, Texte und Bilder projiziert werden, und sparen uns eine Menge Liedzettel.

Kindgerecht wird die frohe Botschaft vermittelt. Eine riesige Bibel, aus denen die biblischen Figuren heraustreten und wieder darin verschwinden, ist für die Kinder faszinierend. Begabteste Schauspieler, Erwachsene wie auch Kinder unserer Gemeinde, spielen David und Goliath, Szenen aus dem Evangelium oder der Alltagswelt der Kinder. Während der Pfarrer dann die Erwachsenen durch die Predigt „betreut", gehen die Kinder, ihrem Alter nach aufgeteilt, in Kleingruppen ins Pfarrzentrum und vertiefen dort das Gehörte der frohen Botschaft.

Zur Gabenbereitung kommen die Kinder ab der dritten Klasse zur Eucharistiefeier zurück, und die Kleinsten kehren zum Ende der Kommunion zurück und empfangen ihr persönliches Kreuzchen auf die Stirn. Dann wird das Danklied gesungen.

Das Hochgebet wird mit passenden Bildern gezeigt und man spürt eine tiefe Innigkeit und selbst Erwachsene berichten, dass auch sie nun das Hochgebet endlich verstanden haben.

Innige Stille und heilige Atmosphäre bei der Eucharistiefeier. Zum Schlusslied fassen sich alle an den Händen, auch über die Bänke hinweg, und man spürt, dass wir in der

Gemeinde eine große Familie sind, und wir singen gemeinsam das Segenslied.

Gott hatte uns eine neue Leidenschaft für Kinder geschenkt und viele Mitarbeiter und Mitarbeiterinnen ließen sich über Jahrzehnte anstecken. Als der Don Bosco-Verlag mein Buch „Abenteuerland Kindergottesdienste" 2005 veröffentlichte, war die Zeit anscheinend noch nicht reif dafür, inzwischen ist es vergriffen und nur als PDF-Datei bei uns zu beziehen. Darin zeige ich die Umsetzung des Konzeptes auf und wie man die Elemente unseres katholischen Gottesdienstes kindgerecht erklärt und feiert. „Das Geheimnis des KG" (des Katholischen Gottesdienstes): Als Sherlock Holmes und Watson verkleidet entdecken wir die Geheimnisse unseres Wortgottesdienstes. Die Fortsetzung der Eucharistie, „Der Schatz des KG", war allerdings noch eine größere Herausforderung.

Strahlende Kinderaugen, tiefe, berührende Gottesdienste, Lieder als Ohrwürmer, Begeisterung und Freude, erlebbare Gemeinschaft und Glauben, eine konkrete Kirche, die als Zuhause empfunden wurde und wird. Ein Gottesdienst, wo gefeiert wird, gesungen und getanzt, und doch kann man bei der Verkündigung eine Stecknadel fallen hören. In unserer neuen Gemeinde hier in Großenseebach haben wir sogar an die 80 Kindergartenkinder, und niemand kann sich vorstellen, was für eine aufmerksame Stille bei der Verkündigung herrscht.

Unglaublich kreative und selbständige Mitarbeiter, die in der Spielstraße, bei der Technik, den Kleingruppen oder im Gottesdienst eine Atmosphäre schaffen, wo Kirche wieder herzlich, einladend und als Zuhause wahrgenommen wird.

Von allen Vortragsthemen, mit denen ich durch die deutschsprachigen Länder reise, sind es meine liebsten Einladungen, wenn mich Pfarrer oder pastorale Mitarbeiter zur Einführung vom Kinder-Abenteuerland einladen. Sie haben davon gehört, oder einen Abenteuerland-Kindergottesdienst irgendwo besucht. Dann landet eine Anfrage bei mir. Und es dauert nicht lange und ich bekomme überschwängliche Rückmeldungen, wenn sie tatsächlich angefangen haben. Einmal saß ich mit Freunden in einer Pizzeria in Meran, und da kam eine Frau an unseren Tisch und sagte: „Schwester Teresa, sie waren letztes Jahr bei uns in der Gemeinde. Ich möchte Ihnen danken. Wir haben 200 Kinder in den Gottesdiensten." Oder nach einem Vortrag bei der Kolpingfamilie in Freiburg, wo ich gerade dabei war, meine Bücher zu signieren, höre ich, wie das „Abenteuerland-Lied" gesungen wird. Eine Gruppe lieber Mitarbeiterinnen stand plötzlich mit weißen Rosen hinter mir. Sie hatten gehört, dass ich in ihrer Nähe war, und sie waren gekommen, um mir zu danken, denn sie hatten nun eine Kirche, die voll mit Kindern war.

Im vergangen Jahr war ich sogar in ihrer Gemeinde in Ehrenkirchen in der Nähe von Freiburg als „Ehrengast" eingeladen und feierte mit ihnen einen überwältigend schönen Kindergottesdienst. Ich kann dem Pfarrer und dem Team nur gratulieren und ich kann Gott nur danken. Ich bin dabei ja wirklich unwichtig. Ich gebe unsere Erfahrungen weiter, aber da, vor Ort, lässt Gott das Wunder geschehen. Und als ich im Juni 2016 in der Hochschule in Sigmaringen als Festrednerin zum Sommerfest für den BND-Präsidenten Schindler einspringen sollte, überraschte mich der Mann an der Technik, indem er mich daran erinnerte, dass ich vor nicht allzu langer Zeit in Sigmaringen das Kinder-Abenteuerland eingeführt hatte. Seine Tochter hätte mich dort erlebt, weil sie die Oberministrantin ist. Auf meine Rückfrage, ob denn schon was passiert sei, meinte er: „Ja, schon drei Gottesdienste, und immer ist die Kirche voll. Alle sind begeistert!". Unsere normalen Gottesdienste sind so gut wie kinderlos, oder will man wirklich behaupten, in einer Gemeinde mit 1000 oder 5000 Katholiken sei es viel, wenn 5 bis 20 Kinder im normalen Gottesdienst sitzen? Es ist eine Tragödie. Wir hätten genügend Mitarbeiter, Eltern und Helferinnen, und ich kann es beweisen, dass man sie findet, sobald man anfängt.

Aber mit dem Anfangen ist es so eine Sache. Es wird gemotzt und gemeckert, dass es keine Kinder mehr in den Gottesdiensten gibt, aber wehe, Du versuchst etwas Neues, dann stehen die konservativen selbsternannten Gemeindepolizisten Schlange. Es liegt nicht am Papst in Rom und auch meistens nicht an den Bischöfen, sondern oft an ein oder zwei Wichtigtuern in der Gemeinde, die keinen Finger rühren und gegen alles sind. Unser Pfarrer hat damals einen klugen Weg gewählt, nachdem wir das OK des Pfarrgemeinderates bekamen. Er erzählte in der Predigt von unserem Projekt. Er bat die zumeist älteren Gemeindemitglieder, für unsere Kinder zu beten, da wir in den nächsten zehn Wochen etwas ausprobieren wollten. Wenn es nicht klappen sollte, ok, dann hätten wir es wenigstens versucht, aber dazu müsse den Mitarbeitern nun erst mal eine Chance gegeben werden. Sollte es aber funktionieren, bat er um ihr Wohlwollen und Verständnis. Dass wir dabei noch aus Platzgründen die Kirchen tauschen mussten, war noch ein Nebeneffekt. Alle waren begeistert, als 400 Kinder und ihre Eltern zehn Wochen lang jeden Sonntag in unser Gotteshaus strömten. Eine Staffel bestand damals aus zehn Gottesdiensten. Wir wussten damals nicht einmal, dass wir 400 Kinder in der Gemeinde hatten. Wir dachten, wir träumen. Wie oft hatte unser Pfarrer Tränen in den Augen, und dann begann mit dem Abenteuerland in Pegnitz eine elfjährige Erfolgsgeschichte, die anhielt, bis wir die Gemeinde verließen. Die zweite Staffel mussten wir allerdings vierzehntägig durchführen. Der Aufwand von Woche zu Woche war immens, aber vor allem gab es einen pastoralen Grund: Viele „Scheidungskinder" waren jede zweite Woche bei einem Elternteil und konnten deshalb nur jede zweite Woche dabei sein. So bekam das Abenteuerland vom September bis zum Beginn der Karwoche einen vierzehntägigen Rhythmus. Unsere Gemeinde wuchs wieder. Die wenigen Kritiker, von denen wir hörten, haben den Gottesdienst nie besucht. Oft wird mir die Frage gestellt, ob es denn das Wichtigste sei, die „Mitte des Glaubens", die Eucharistie zu vermitteln. Über die Frage kann ich innerlich nur den Kopf schütteln. Was tun wir denn sonst? Natürlich ist das Wichtigste Jesus Christus, aber wenn ich keine Kinder im Gottesdienst habe, kann ich ihnen die „Mitte des Glaubens" nicht vermitteln! Wie kann man den zweiten vor dem ersten Schritt tun? Die Kinder leben nicht im luftleeren Raum. Es liegt an den Familien, ob sie noch den Weg zu uns finden. Das Kinder-Abenteuerland spricht zuerst die Fernstehenden an oder diejenigen, die (noch) keinen Zugang zu unser Kirche finden und ganz normale katholische Familien, die für ihre Kinder mehr wollen, als nur still sitzen zu müssen. Uns wurde ein segensreicher Zugang von Gott geschenkt. Aber wie das immer in unserer Kirche ist, „der Prophet im eigenen Land" hat es schwer. In unserem Bamberger Bistum gibt es nur eine Gemeinde, die seit Jahren erfolgreich das Abenteuerland umgesetzt hat, ansonsten scheint sich niemand dafür zu interessieren, auch wenn es in der Bistumspresse früher öfter beschrieben wurde. Dagegen gibt es in anderen Bistümern, wie zum Beispiel in der Freiburger Diözese, über 20 Gemeinden, und es werden immer mehr. Steine bekamen wir von offizieller Seite für unsere Projekte nie in den Weg gelegt; wieso auch, wir dienen unseren Kirchen voller Freude und Hingabe. Aber mehr Interesse hätten wir uns schon gewünscht. Ja, es ist viel Arbeit, und am Anfang erscheint einem der Aufwand groß. Aber es entwickelt sich „wie von selbst", wenn man einmal beginnt. Und der Pfarrer muss am wenigsten tun. Es ist im Grunde ein ganz normaler Sonntagsgottesdienst, der kindgerecht, frohmachend und gemeinschaftsstiftend ist und hinter dem ein Team begeisternder Mütter und Väter steht. Beim Katholikentag in Mannheim durften wir unser Modell vorstellen, und sechs verschiedene Gemeinden führten daraufhin das Abenteuerland durch. Beim vorherigen Katholikentag in Ulm war trotz Bewerbung noch kein Interesse vorhanden. Vielleicht braucht es immer fünf bis zehn Jahre in unsere Kirche, bis etwas wachsen darf. Ich weiß nur nicht, auf was wir warten wollen. Sehr gefreut habe ich mich, als ich in Köln für das Bonifatiuswerk zum Auftakt des Diaspora-Sonntags in Deutschland die Festansprache halten durfte. Das Motto lautete „Wie man Kinder zum Glauben führt" und ich stellte unseren Kindergottesdienst vor. Auch Kardinal Meisner war unter den Zuhörern. Als wir ein halbes Jahr später gemeinsam in der Talksendung „Beckmann" saßen, lobte der Kardinal unsere Arbeit und diesen „tiefen Kindergottesdienst", den er ja selbst kennengelernt hatte. Großartig fand ich auch, dass sich unser Erzbischof Dr. Ludwig Schick an einem Gewinnspiel für unsere Kinder beteiligte. Der erste Preis war ein Mittagessen im Bischofshaus in Bamberg. Der Erzbischof bediente unsere kleinen Christen und zeigte unserer Abordnung auch seine privaten Räume. Für die Kinder ein unvergessliches Erlebnis.

Demnächst möchte ich ein Netzwerk für alle Gemeinden gründen, die Abenteuerland-Kindergottesdienste feiern und alle miteinander vernetzen. Inzwischen habe ich jedoch ein zärtliches und entspanntes Verhältnis zum Tempo meiner Kirche. Wenn Gott etwas will, dann bewirkt ER es. Wir müssen nur bereit sein, den Acker zu pflügen und auszusäen.

Danke Gott für Deinen Segen
Scheint die Sonne, gibt es Regen.
Immer will ich dankbar sein.
Will Dich preisen, ganz bescheiden,
mich an Deiner Liebe weiden.

Will nicht jammern oder klagen,
will mein Herz nur zu Dir tragen.
Bitt Dich, greif Du selber ein
und jeden lass behütet sein.

Denk an alle in der Not,
die täglich weinen um das Brot.
Die voller Angst und Zweifel leben,
im Krieg und Schmerz ihr Leben geben.

Danke Gott für Deinen Segen,
scheint die Sonne, gibt es Regen.
Lass uns stets zufrieden sein.

Gottes zärtlicher Geist
kann stürmisch sein

Am Nachmittag, wenn ich mal zu Hause bin, gönne ich mir einen kleinen, halbstündigen Powerschlaf auf unserem Diwan im Wohnzimmer, gleich neben meinem Büro. Mitte November klingelte es, ich hatte gerade die Augen zugemacht. Ein katholischer Pfarrer rief an und kam gleich zum Punkt: Er möchte mich bitten, einen zehnminütigen Impuls am Nachmittag eines der nächsten Adventssonntage zu halten. Schon viele prominente Redner seien vor mir eingeladen gewesen. Auch sei es nur zehn Kilometer von uns entfernt. Ich bedankte mich, sagte ihm jedoch, dass ich eigentlich keine weiteren Termine annehmen wolle. Am vorgeschlagenen Sonntag sei früh unser Kindergottesdienst und ich hätte seit September schon über siebzig Vorträge und Veranstaltungen absolviert und käme kräftemäßig an mein Limit. Er ließ nicht locker, und so bat ich ihn, mir eine Mail mit allen Infos zu schreiben, es sei ja sehr kurzfristig, ich würde es mir dann in Ruhe überlegen. Eine Mail hatte ich nicht bekommen, und so war die Angelegenheit für mich erledigt. Nach einem wunderschönen Kindergottesdienst mit 170 Kindern und ihren Familien und unserem großartigen Team, bei dem Pfarrer Franz am Ende als Nikolaus die Kinder beschenkte, kamen wir glücklich nach Hause. Nach dem Mittagessen und einigen Postings von diesem wunderschönen Gottesdienst schlief ich erschöpft ein und freute mich auf einen ruhigen Abend. Kurz vor 17 Uhr hörte ich ein Telefon läuten und polternde Schritte von der Treppe, die mich hochfahren ließen. Pfarrer Franz kam ganz bestürzt ins Zimmer und sagte: „Eine volle Kirche wartet auf Dich!". Ich war völlig geschockt und sagte dem Pfarrer am Telefon, dass ich keine

Mail bekommen hätte und für mich war das vergessen. „Ist doch kein Problem", meinte er ganz ruhig, „ich lasse noch ein Musikstück spielen und in acht Minuten sind Sie da". Als ich ihn noch fragte, über was ich denn sprechen sollte, sagte er: „Geistige Mutterschaft!" Ich wurde kreidebleich und mein guter Pfarrer Franz auch. Zur Garage laufend rief ich meinen Gott an: „Herr hilf!" und „Komm heiliger Geist!" Unvorbereitet sollte ich zehn Minuten über „Geistige Mutterschaft" reden. Als ich ins Auto stieg, kam mir eine Begebenheit in den Sinn, als wir auf die Landstraße abbogen die zweite, und mehr Zeit blieb nicht, um mich einigermaßen zu beruhigen. Ich ließ das Auto vor der Sakristeitür stehen, wo mich der coole Pfarrer erwartete, und er schob mich direkt zum Ambo durch. Es stimmte, eine überfüllte Kirche! Pfarrer Franz, der das Auto geparkt hatte, kam hinten durch den Haupteingang und er starrte mich völlig perplex an. Ich kann mich nicht mehr an alles erinnern, was ich gesagt habe. Zeit für Notizen hatte ich ja keine. Mein Einstieg war eine Begebenheit aus der Zeit, als ich im Kinderdorf arbeitete. Dort brachte ich abends den kleinen Sascha ins Bett, und nach dem Abendgebet sagte er zu mir: „Teresa, ich bin so froh, dass Du keine Frau bist!" Ich hatte damals gelacht. „Aber wie kommst Du denn darauf?", hatte ich ihn gefragt. Er hatte unbeirrt weitergesprochen: „Du bist eine Schwester und die lieben immer." Sascha wurde von seiner Mutter weggegeben und er hatte Probleme mit weiblichen Erzieherinnen. Ich sprach von geistiger Mutterschaft, von Mutterschaft, auch wenn man keine eigenen Kinder hat. Von unserer „Mutter Kirche" und von der Jungfrau und Mutter Maria. Am Ende erzählte ich die rührende, wahre Geschichte von einer Frau, die einem barfüßigen Kind in New York Schuhe kaufte, worauf das Kind sie am Schluss fragte, ob sie die Frau vom lieben Gott sei. Ich hatte diese Geschichte Tage vorher gelesen. „Wir brauchen zur Zeit viele Frauen und Männer Gottes" sagte ich zum Schluss, und als ich fertig war, gab es Applaus. Ich schwankte zum Sitz neben dem

Pfarrer, der mich lachend anstrahlte und mir zuflüsterte: „Man merkt, Sie haben den Heiligen Geist!" Ein Vaterunser, einen Segen und ein Trompetenstück später saß ich mit Pfarrer Franz wieder in meinem Auto. Wir starrten uns an. Die Tränen quollen mir aus den Augen. Er hatte mein Handy in der Hand, aber kein einziges Foto geschossen, wie er es gewöhnlich bei meinen Veranstaltungen macht. Er durchlitt mit mir diese Minuten und konnte nicht fassen, was ich alles gesagt hatte. Nur langsam wich das Adrenalin aus meinem Körper. Nein, so einen Schrecken möchte ich nicht noch einmal erleben. Oder wollte Gott mich testen und mein Vertrauen prüfen? Ich weinte und weinte und dankte Gott und dankte dem Heiligen Geist. Doch, ja, ich möchte, dass der Heilige Geist kommt und wirkt, und wenn ER mich dafür gebrauchen kann, dann bin ich bereit.

Andreas Schätzle, der Programmdirektor von Radio Maria in Wien, forderte mich auch schon mehrmals heraus. Einmal kam ich gerade aus der Dusche in einem Hotel und am Handy läutete der liebe Andreas. Als ich ihn begrüßte, fragte er nur ganz hektisch, ob ich in 30 Sekunden ein Interview geben könnte? „Ja", zögerte ich, „ok!". Die Verbindung mit seinem geplanten Interviewpartner, der in einem fahrenden Zug saß, war anscheinend gekippt. Aber nach dem Petrusbrief sollen wir ja stets bereit sein, „jedem Rede und Antwort zu stehen, der nach der Antwort fragt." Also gab ich das Interview.

„Komm, Heiliger Geist" ist für mich das kürzeste und intensivste Gebet. Es vergeht kein Tag, wo ich es nicht bete. Wenn ich bei Jugendlichen oder Firmgruppen oder in Schulen spreche, dann bitte ich meine jungen Zuhörer, es mit mir zu beten, und wir machen eine Litanei daraus. Sie beten „Komm, Heiliger Geist" und ich nenne Situationen:

„Wenn meine Mutter nervt, dass ich mein Zimmer aufräume".

Alle: „Komm, heiliger Geist".

„Wenn mein Geschwister mich ärgern",

„Wenn ich die Matheaufgabe nicht verstehe",
„Wenn ich gelogen habe",
„Wenn ich ängstlich bin",
„Wenn die Predigt langweilig ist",
„Wenn kein WLAN da ist".

Und ich ermuntere sie dazu, sich auf diesen Heiligen Geist einzulassen. Das kürzeste aller Gebete hat mir persönlich schon oft geholfen. Aber ich warne auch davor. Es ist gefährlich, um den Heiligen Geist zu beten, denn was ist, wenn er kommt? Vor allem kommt er ganz anders, als wir zu denken und zu glauben wagen oder unser Vorstellungsvermögen fassen kann. Ich glaube, die meisten Erwachsenen wären erschrocken und eingeschüchtert, wenn der Heilige Geist plötzlich auftauchen würde, vor allem die, die nie mit ihm rechnen, und vor allem jene, die behaupten, ihn genau zu kennen. Natürlich könnte Gott jetzt ein kleines Erdbeben machen, die Wände wackeln lassen und Ihnen dieses Buch aus der Hand werfen. Nur mal so. Ich könnte mir Ihren Gesichtsausdruck ganz gut vorstellen. In Wahrheit rechnen wohl die wenigsten damit, und wir Katholiken sicher noch weniger als andere Christen. Dass Gott sich bei uns persönlich bemerkbar macht und das womöglich noch spektakulär, schließen wir aus, schließlich macht Gott das auch äußerst selten. Erstens zu erschrecken und bewusst etwas zu zerstören, und zweitens Bücher aus der Hand zu werfen. Ich staune immer, wie Christen aus Freikirchen mir so unverblümt erzählen, dass Gott ihnen gesagt hat, sie sollten dies oder jenes tun. Ganz, aber auch wirklich ganz selten, höre ich das von Katholiken. Aber vielleicht sind wir einfach zu ängstlich, was andere über uns denken könnten. Die Amerikanerin Lily Tomlin sagte einmal treffend: „Wenn wir zu Gott reden, nennen wir das Gebet, aber wenn Gott mit uns redet, nennen wir das Schizophrenie." Und wer will schon als krank gelten? Wenn ich Ordensschwestern treffe, bin ich noch immer darüber verwundert, dass die erste Frage ist: „Wie viele Schwestern seid Ihr?" Noch nie hat mich eine gefragt: „Was tut Gott gerade jetzt in Eurer Gemeinschaft?" Das fände ich viel wichtiger und wesentlicher. Denn Gottes Geist ist unaufhörlich am Tun. Wenn etwas in Bewegung kommt, sind seine Handschrift und seine Leidenschaft unverkennbar. Diese ganz eigene und bezaubernde Art, mit seinem unsichtbaren und zarten Geist zu wirken, scheint IHM mächtig Freude zu bereiten. Sein Geist verführt uns zum Beten, kitzelt uns herzhaftes Lachen heraus, stupst zur Umkehr, besänftigt unser Gemüt. Vorausgesetzt, wir lassen ihn gewähren. Aber oft habe ich einen ganzen anderen Eindruck.

Da ich das Glück habe, in vielen christliche Gemeinden und Denominationen eingeladen zu sein, konnte ich mir im Laufe der Jahre ein ganz gutes Bild machen. Ich möchte aber nur von meiner Kirche sprechen, und auf keinen Fall meine ich Ihre Gemeinde, lieber Leser und Leserin, oder Ihren Pfarrer! Nie und nimmer meine ich Sie! Oft spüre ich eine kaum in Worte zu fassende Müdigkeit. Als hätte irgendjemand den Stecker aus der Dose gezogen. Wir sind nicht mehr Verliebte, Begeisterte, Verrückte. Dabei haben wir Christen doch nichts mehr zu verlieren. Der Tod hat für uns nur noch einen schlechten Ruf. Wir leben aus einer anderen Wirklichkeit, wir sind schon Erlöste! Gerne provoziere ich an einer einzigen Stelle in meinen Vorträgen. Ansonsten bin ich sehr brav. Ich erkläre meinem Publikum, dass ich erst seit ganz kurzer Zeit überhaupt erkannt habe, was das Problem unserer Kirche ist! Dafür habe ich Jahre gebraucht, aber heute kann ich es Ihnen sagen: Das Problem unserer Kirche ist der „Islahm". Der Pfarrer „is lahm". Die Gemeinde „is lahm". Der Chor „is lahm". Natürlich nicht bei Ihnen! Das hatte ich doch ausdrücklich erwähnt. Und bitte keine Verwechslung mit dem Islam! Um Gottes Willen. Ich lebe in Franken, und auf „fränggisch" heißt es eben „der is lahm". Papst Franziskus predigte es mit so klaren und deutlichen Worten wie kein Papst zuvor: *„Immer, auch unter uns, gibt es diesen Widerstand gegen den Heiligen Geist. Um es klar zu* *sagen: Der Heilige Geist stört uns"*, so die Diagnose des Papstes: *„Weil er uns in Bewegung versetzt, weil er uns gehen lässt, weil er die Kirche drängt, vorwärts zu gehen. Und wir sind wie Petrus bei der Verklärung: ‚Ah, wie schön ist es doch, so zu sein, alle zusammen!'* ... *Aber stören, nein, das darf er nicht. Wir wollen, dass der Heilige Geist einschläft. Und das geht nicht. Denn er ist Gott, und er ist jener Wind, der geht und kommt, und du weißt nicht, woher. Er ist die Kraft Gottes, er ist der, der uns den Trost und die Kraft gibt, voranzugehen. Aber: voranzugehen! Und das stört: Das Bequeme ist schöner"*.

Das ist einfach wunderbar gesagt. Oft genug denken wir: Der Heilige Geist stört und er soll schlafen und uns in Ruhe lassen. Traurig, aber wahr. Gott sei Dank denkt die sanfte, kühlende und zugleich wärmende Brise der unvorstellbaren Liebe Gottes nicht daran zu schlafen. Gottes Zärtlichkeit sucht sich immer einen Weg in die Herzen der Menschen. Pfingsten ist mein Lieblingsfest. Nicht nur, weil unsere Gemeinschaft am Pfingstfest 1994 ins Leben kam und der Tag ihr Gründungsfest ist, sondern weil ich süchtig nach diesem Sturm bin. „Wir stehn auf – Kirche" hieß mein viertes Musical, und der Titelsong ist bewusst doppeldeutig gemeint gewesen. Es war eine musikalische Pfingstandacht. *„Neue Schritte wagen, den Aufbruch sehen, Zweifelnde mit tragen, Kritiker verstehen. Neue Hoffnung wecken, an der Zukunft bauen, Ängste nicht verstecken, Gottes Geist vertrauen. Neue Freiheit spüren, andere Wege gehen, aufeinander hören, mit dem Herzen sehen."* Es war ein Ohwurm, und vor allem die Kinder spielten den Sturm, wie er an Pfingsten über die Jünger kam. Ich liebe meine alte, müde Kirche, trotz und gerade weil man an ihr oft kein gutes Haar mehr lässt, und ich weiß selbst, wie schwach und sündig wir Menschen sind. Aber an vielen Ecken und Enden gibt es Hoffnung. Als ich zum Christkönig-Jugendfestival ins Stift Kremsmünster im November 2014 nach Österreich eingeladen war, erlebte ich eine junge, lebendige, tiefgläubige Kirche. 600 junge Menschen trafen sich hier, und nach meinem Vortrag vom

„Abenteuer Christsein" durfte ich den Barmherzigkeits-Abend miterleben. Begeisternder Lobpreis und innige Anbetung vor dem Allerheiligsten, Beichte und Stille, gaben das bewegende Zeugnis einer erfrischenden und zugleich wärmenden katholischen Andacht. Bis Mitternacht lief Pfarrer Andreas Schätzle mit der Monstranz durch die wunderschöne, überfüllte Kirche und segnete jeden einzelnen der jungen Christen. Das hatte ich in Deutschland so noch nie erlebt. In Medjugorje in Bosnien-Herzegowina allerdings schon. 10.000 junge Menschen beteten und tanzten bei 40 Grad in der Mittagshitze. Der Heilige Geist fragt niemanden um Erlaubnis, wann und wo er wirken darf. Tief ergriffen bin ich auch, wenn ich vom Gebetshaus in Augsburg höre, wo Jesus 24 Stunden am Tag und 365 Tage im Jahr unaufhörlich angebetet wird. Der Heilige Geist wirkt und ist real. Er ist selbst bei den Kleinsten am Werk. Bei einem unserer Abenteuerland-Gottesdienste ging es darum, dass König David sich an sein Versprechen erinnerte und es erfüllte. Am Ende der Katechese bat ich unseren Pfarrer Lars zu einem kurzen Interview. Unsere Kinder durften sich dann aus einem von drei Vorschlägen aussuchen, was ihnen der Pfarrer bereit war zu versprechen: Mit allen Geburtstagskindern ein Eis essen zu gehen, einen Ausflug zu machen oder jeden Tag für die Kinder zu beten. Und was suchten sich unsere 170 Kinder aus? Das Gebet! Wir waren alle gerührt. Das würde unser Pfarrer sicher nie mehr vergessen. Der Heilige Geist brennt und kann alles erneuern. Er gibt uns neue Gedanken und lässt uns umdenken. Er will immer das Gute und das Leben in Fülle. Komm, Heiliger Geist!

Der heilige Geist ist die tiefe Erfahrung
von Frieden und Nähe, gerade im Alltag,
wenn es drüber und drunter geht.
Es ist immer wieder spannend zu erleben,
wie er mir Ideen schenkt, mich anstupst,
wenn ich müde werde oder Angst bekomme,
oder mir hilft, an das Gute zu denken und es zu tun.
Manchmal ist er da in einem Gedanken, einem Wort,
das mich selber überrascht,
einer kleinen Zärtlichkeit oder einem Lächeln.
Da spüre ich, dass eine andere unsichtbare Kraft mich bewegt,
wo ich stur, jammernd und unbeweglich bin.
Er ist dynamisch und scheu zugleich.
Er will eingeladen sein und ist wie ein Fingerzeig:
Schau auf Jesus,
höre auf ihn, lern von ihm, folge ihm,
bete ihn an, diene ihm, liebe ihn.
Frieden und innere Gelassenheit,
eine Prise Humor und ein gutes Wort auf den Lippen
sind seine Markenzeichen!
Denn Gott ist ein Gott der Phantasie,
der Lebendigkeit, der Farben,
der Freude, der Überraschung und der Liebe.
Wenn Sie sich auf die Suche
nach dem Heiligen Geist machen möchten,
lautet das kürzeste Gebet
„Komm, Heiliger Geist".
Probieren Sie dieses Gebet einen Tag lang aus.
Vor jedem Ereignis, jedem Telefonat, vor jeder Begegnung –
und lassen Sie sich überraschen.

Was haben Markus Lanz und Olivia Jones mit zärtlicher Vergebung zu tun?

Anfragen von Fernsehsendern sind inzwischen seltener, aber ein bis zwei Mal im Jahr werde ich doch angerufen. Oft scheitert es einfach am Termin.

Eine der letzten Anfragen war am 20. April 2016 für „Deutschland sucht den Superstar". Ich sollte meine „I will follow him"-Performance auf ihrer Bühnen präsentieren, sie würden schon lange eine Schwester suchen. Sie hatten das Video auf YouTube gesehen, wo ich mit dem wunderbaren De lumina-Chor genau dieses Lied nach einem gemeinsamen Benefiz-Konzert mit Vortrag sang. Aber ich habe sofort abgesagt. Auch wenn ich neun Musicals komponiert habe und viel singe, würde mein Gesangstalent wirklich nicht für so eine Show genügen.

Das fehlte mir noch!

Dagegen bin ich gerne Gast beim evangelischen ERF-Fernsehen gewesen oder das letzte Mal beim ZDF-Talk mit Peter Hahne, den ich so sehr schätze und bewundere.

Als der Anruf der Markus Lanz-Redaktion im Sommer 2012 kam, befand ich mich gerade in meinem geliebten Südtirol.

Wenn das Fernsehen anruft, dann geht es immer um sofort und gleich und ich höre schon heraus, mit welchem Grad der Verzweiflung Gäste angelockt werden. Vor allem in der Sommerpause und bei besonders speziellen Themen finden sich nicht viele Kirchen-Promis, die bereit sind zu kommen.

So auch bei diesem Thema, „Vorsexualisierte Gesellschaft". Zwei Bischöfe hätten schon abgesagt, aber sie wollten unbedingt jemanden, der die katholische Kirche vertritt. Das hieße für mich, den Urlaub früher abzubrechen und sich in kürzester Zeit mit dem Thema zu beschäftigen. Nur vage Auskunft bekam ich, wer die anderen Talkgäste waren, bei einigen fehlte noch eine Zusage. Eine österreichische Bestsellerautorin, von der ich noch nie gehört hatte, und ein junger Mann, der auf Sex vor der Ehe verzichtete, hatten bereits zugesagt. Ich zögerte und war vom Thema nicht gerade begeistert, aber weil Markus Lanz ein Südtiroler ist, dachte ich, das könnte vielleicht ganz interessant werden. Nie und nimmer hätte ich ahnen können, zu was für einer Diskussion ich eingeladen worden war. Ein befreundeter Journalist in Südtirol machte sogar eine Ankündigung in der größten Tageszeitung, den „Dolomiten", und nach vielen Auftritten in diesem schönen Land war ich vielen Südtirolern auch schon bekannt. Wir sagten zu und ich rief in meinem Bistum im Ordinariat in verschiedenen Abteilungen an und fragte, ob mir jemand den neusten Stand der kirchlichen Sicht zu diesem Thema erläutern könnte. Wollte ja nicht unvorbereitet sein. Aber da konnte mir zur Zeit keiner Auskunft geben. „Sie schaffen das schon", sagte man mir. Ok, schließlich ist ja der liebe Gott auch noch da. Ich hatte im Fernsehen in den letzten zwanzig Jahren bisher noch keine negative Erfahrung gemacht. Also war ich frohen Mutes. Wir flogen nach Hamburg, und ausgerechnet am Aufzeichnungstag ereilte mich ein Hexenschuss. Für mich wurde ein bequemer Stuhl mit Kissen vorbereitet, damit ich schmerzfrei sitzen konnte. Dies hatte jedoch den Nachteil, dass ich nicht einfach so aufstehen und die Sendung verlassen konnte. Ich war nämlich kurz davor. Das Prozedere vor einer TV-Aufzeichnung war mir genügend bekannt. Und nach dem Schminken und der Studiobesichtigung, kurzem

Smalltalk mit dem Gastgeber und Kennenlernen der anderen Studiogäste ging die Aufzeichnung los.

Nun saß ich also im Kreis bei Markus Lanz. Links von mir der Travestiekünstler „Olivia Jones", der mit bürgerlichem Namen Oliver Knöbel heißt, rechts von mir Jürgen von der Lippe, eine ältere Dame, die die Buchautorin war, und der junge Mann, der mir schon bald in dieser Runde Leid tat und der sich mächtig verteidigen musste, auch wenn ich ihn unterstützte.

Nachdem der Moderator alle vorgestellt hatte, fragte er mich, ob ich ihm erlauben würde, eine Passage aus dem Bestsellerbuch vorzulesen. Ich antwortete, das sei ganz ihm überlassen, es sei schließlich seine Sendung. Ich kannte das Buch da ja noch nicht.

Wenigstens wurde Markus Lanz etwas rot, als er vorlas, wie diese Dame im hohen Alter erst den Sex für sich entdeckt hatte und in ihrem Elan bei einer Selbstbefriedigung aus dem Bett stürzte und sich den Schenkelhals brach.

Ich konnte ebenso wie viele Studiogäste nicht fassen, und wohl auch das ganze konservative Südtirol nicht, mit welchem Auftakt diese Sendung begann. Über das eigentliche Thema wurde nicht geredet, es ging einfach nur um Sex. Als ich an der Reihe war und nach meiner Bekehrung und Arbeit gefragt wurde und vor allem in der Diskussion meine Meinung vertrat, erntete ich immer wieder Applaus. Als ich von meinem unfreiwilligen Frühstück mit Beate Uhse erzählte, merkte ich wie „Olivia Jones" richtig gerührt war. „Ich muss jeden Menschen mit Respekt behandeln, und wer bin ich, dass ich irgendjemand verurteilen dürfte?", habe ich schon damals geäußert, wie es inzwischen auch unser Papst Franziskus wiederholt betont hat. Ich bekam Applaus für meine Worte und man nahm mir ab, was ich sagte, auch wenn ich bei Vielem in der Runde widersprach. Sexualität ist ein kostbares Geschenk und voller Schönheit, die zärtlichste Weise, sich einander zu zeigen, zu nähern, zu verschenken. Wenn ich meinem Partner am Tag nicht mit Ehrfurcht begegne, kann das, was sich in der

Nacht abspielt, verletzend und schmerzlich sein. Niemals darf übersehen werden, was allein ein böses, erniedrigendes und verachtendes Wort in einer Seele auslöst. Oder was es bewirkt, wenn man zusammengeschrien wird. Schreien ist Körperverletzung. Ganz zu schweigen von allem gewalttätigen oder missbräuchlichen Verhalten einem Menschen gegenüber.

Ich erzählte von meinen Erfahrungen mit meiner Mädchengruppe, von Mädchen, deren erster sexuelle Kontakt keine prickelnde „Bravo-Erfahrung" war, sondern so „daneben ging", dass manche jahrelang Probleme mit ihrer Sexualität hatten. Warum die Kirche vernünftigerweise sagt, man soll Warten und erst prüfen, bevor man sich dem anderen im Höhepunkt körperlicher Vereinigung verschenkt. Ich bin mir bewusst, dass heute die allermeisten Paare schon sexuellen Kontakt vor ihrer Ehe hatten. So blauäugig bin ich sicher nicht und meine Kirche auch nicht. Gelebte, intime und liebende Zärtlichkeit bis ins hohe Alter und das mit der großen Liebe seines Lebens, ist jedem auf dieser Erde zu wünschen. Ich finde es herrlich, wenn ältere Menschen sich ihre Liebe zeigen können.

Ich verdanke meiner Mutter eine aufgeschlossene und freie Erziehung. Wir waren damals keine gläubigen Christen, sondern typische Weltmenschen, aber uns wurde ein liebevoller, zärtlicher Umgang mit unserem Körper, Wahrhaftigkeit und Ehrfurcht im Umgang mit anderen vorgelebt. Ich selbst staunte nicht schlecht über meine Mutter, als sie plötzlich mit mir ein Gespräch anfing, als ich gerade 13 Jahre alt geworden war. Sie meinte so ganz frei heraus, wenn ich mich in einen Jungen verlieben sollte, müsste ich ihr versprechen, nie etwas heimlich zu machen. Sie würde mit mir zum Frauenarzt gehen und ich würde die Pille bekommen. „Mama!" War mir das peinlich. Damals interessierte mich nur der Sport und meine Karriere und in diesem Alter noch keine Jungs. Aber in diesem Wissen aufwachsen zu dürfen und nie Angst haben zu müssen, „etwas Verbotenes" zu tun, war eine unglaubliche Befreiung in meiner Pubertät.

Nach der Sendung wurden die obligatorischen Fotos gemacht.

Die Chefredakteurin der Sendung meinte, wie begeistert das ganze Team von mir gewesen sei, aber ich schüttelte nur den Kopf und ließ sie wissen, dass Markus Lanz etwas gutzumachen habe. Wozu brauchte man die Meinung einer Katholikin und eines jungen Mannes, der lieber warten wollte, wenn doch sowieso jeder macht, was er will? Wozu war ich eingeladen worden? Es sollte doch um die Gefahren und Chancen in unserer Gesellschaft gehen, aber es ging einfach immer nur um das Thema Sex, und die Reaktionen meiner Freunde und Gemeinde auf diese Sendung war immer die gleiche: „Wie konnten die Dich in so eine Sendung einladen?"

Wir verschwanden schnell in unserem Hotel, denn um 23 Uhr wurde die Sendung ausgestrahlt.

Meine allerbesten Südtiroler Freunde hatte ich gleich vorgewarnt, und Wochen später rief mich die Markus Lanz-Redaktion an, um mich zu einem anderen, „vernünftigeren" Thema einzuladen. Aber als das Thema dann das „Dschungelcamp" sein sollte, lehnte ich endgültig dankend ab. Eine unserer Tageszeitungen, die ansonsten eher kritisch war, schrieb, ich wäre „ein Lichtblick in dieser Runde gewesen".

Aber einen Tag später wusste ich, warum Gott mich dort haben wollte:

Ein Mann meldete sich per Mail bei mir. Er war sehr berührt von dem, was ich in der Sendung gesagt hatte, obwohl er seit Jahrzehnten mit der Kirche, Nonnen und Pfarrern abgeschlossen hatte. Er wurde als Kind in einem Heim von Schwestern missbraucht. Aber „so eine Schwester" hatte er noch nie erlebt. Mir kommen jetzt noch die Tränen.

Da vertraute er sich mir als ein „Opfer" an, und ein einjähriger, intensiver Dialog begann. Vor jedem Gespräch betete ich, dass ich nur die richtigen Worte finden würde. Ich wollte unbedingt schaffen, dass man ihm glaubte und er eine Entschädigung bekam. Ich rief sogar bei der Telefonnummer der Bischofkonferenz für Opfer an, um selbst zu erleben, wie man dort am Telefon mit Menschen umgeht, bevor ich ihm riet, sich dort zu melden. Leider bekam er keine Entschädigung. Ich war ebenso enttäuscht wie er. Dann meldete er sich länger nicht und überraschte mich mit einem Mail, die mir fast die Luft nahm. Er bräuchte inzwischen keine Entschädigung mehr, denn er könne die „Sache" inzwischen vergeben, auch wenn er sie nie vergessen werde. Jeden Tag lerne er, besser damit umzugehen.

Da wusste ich es: Wegen diesem einen kostbaren Menschen hatte sich alles gelohnt! Dafür danke ich Markus Lanz und den anderen Talkgästen. Unsere Diskussion löste etwas Wunderbares aus. An diesem Tag schrieb ich auf meine Facebook-Seite:

„Entschuldigung für Missbrauch in unserer Kirche!
Seit einem Jahr stehe ich in Kontakt mit einem Opfer, das sich mir anvertraut hat. Er bekommt keine Entschädigung, keine Entschuldigung, will aber dennoch verzeihen.
Das ist so groß, und deswegen möchte ich mich stellvertretend für meine Kirche entschuldigen, für ihn und alle Betroffenen: Verzeihen Sie bitte von ganzem Herzen den Mitschwestern und Brüdern einer schwachen, erbärmlichen Kirche, die vielerorts nicht fähig ist, zur Schuld zu stehen, was sie Kindern angetan hat. Es tut mir so leid, dass Sie keine Entschädigung bekommen. Geld kann in Ihnen nicht den Schmerz über das Erlebte lindern, aber dass man Ihnen glaubt und Sie ernst nimmt, wäre das Mindeste, was man damit zum Ausdruck bringen würde. Für das Verbrechen an Ihnen und die Lebensfreude, die man Ihnen für viele Jahre genommen hat, gibt es keine Entschuldigung. Ich danke Ihnen für den Schritt, dennoch verzeihen zu wollen, auch wenn Sie das alles nie vergessen werden können.
Möge Gott Ihnen jeden Tag Menschen auf den Weg schicken, die Ihnen Wärme, Liebe und Anerkennung schenken und Sie wissen lassen, dass sie unendlich wertvoll sind.
Danke, dass Sie sich mir anvertraut haben."

Manchmal kann ich nicht schlafen,
dann bete ich.
Manchmal hab ich keine Antwort,
dann schweige ich.
Manchmal weiß ich nicht, wie ich helfen kann,
dann weine ich.
Manchmal zerspringt mein Herz voll Freude,
dann singe ich.
Manchmal bin ich einfach nur ich,
weil ER darüber lächelt.

Teil 3:
Mut zur Zärtlichkeit

Viele Begegnungen – viele zärtliche Momente

Dank meiner Homepage und meiner zwei Facebook-Seiten wissen viele Menschen, wo ich gerade unterwegs bin. Ich freue mich immer riesig, wenn aus „virtuellen" Freunden persönliche Begegnungen und dann tatsächlich Freundschaften entstehen. Viele kündigen mir an, dass sie zu meinem Vortrag kommen wollen, oder laden mich zu einem Treffen ein, wenn ich in ihrer Nähe bin. Manchmal dauert es Jahre, bis ich in ihre Gegend komme, aber dann ist schon ein gewachsenes Vertrauen da und die Freude, sich endlich persönlich kennenzulernen, ist sehr groß. Oder sie haben mich bei einem Vortrag erlebt und suchen dann auch auf Facebook meine Freundschaft.

Ganz wunderbare, bewegende und tiefe Erfahrungen durfte ich schon machen. Unvergessen bleibt mir eine Einladung aus der Oberpfalz. Gerne habe ich zugesagt, etwas früher anzureisen, um diese tapfere Mutter mit ihren beiden Töchtern kennenzulernen, die mich schon aus dem Fernsehen und von vielen Zeitungsartikeln kannte. Schwerstbehindert kam ihre erste Tochter auf die Welt, und die Ärzte hatten ihr keine Hoffnung gemacht, dass das Kind sein erstes Lebensjahr überleben könnte. Inzwischen ist sie 24 Jahre alt, und noch immer trägt die Mutter sie aus dem Bett in den Sessel und wiegt sie in ihrem Schoß. Ich war tief erschüttert, welche körperlichen Beschwerden ihr Kind hatte. Trotzdem strahlte sie, sobald man ihren Namen aussprach. Das erinnerte mich unweigerlich an den kleinen Thomas, den ich im Antoniusheim in Fulda betreut hatte. Er war körperlich und geistig behindert und blind. Aber wenn er seinen Namen hörte, erbebte sein Körper, er lachte und strahlte und das war so ansteckend, dass man selbst nur lachen konnte.

Wir saßen da in dem liebevoll eingerichteten Wohnzimmer, sie hatten extra einen Kuchen gebacken, und es war bewegend, ihre Geschichte zu hören. Was für eine große Liebe aus dieser Mutter ausströmte und wie sie ihr Leben meisterte.

Sie liebkoste und herzte so zärtlich ihre Tochter und erzählte auch von den schwersten Jahren ihres Lebens. Nur durch ihren starken Glauben kann sie jeden Tag Kraft finden, aber sie würde ihr vielgeliebtes Mädchen, das ihr, wie sie sagt, „jeden Tag so viel Freude macht", nie als Last bezeichnen! Ich bewunderte sie, und mir war wieder einmal klar, wie viele Schicksale es da draußen gibt und wie viele mit ihren Sorgen und Nöten oft alleine waren. Diese Mutter war gefangen in ihrer kleinen Welt, aber durch das Internet konnte sie Anteil haben am Leben vieler Menschen und fand selber Trost und Austausch im Glauben. Diese Stunden mit ihr waren ein großes Geschenk für mich. Ein anderes Erlebnis hatte ich, als ich als Gastrednerin beim Südtiroler Wirtschaftsforum in Brixen war – ein ganz besonderes Highlight für mich. Vorher erschien ein ganzseitiges Interview in ihrer Wirtschaftszeitung, in dem ich davon sprach, dass die internationale Wirtschaftskrise abzusehen gewesen sei, und uns allen als Weckruf diene. Klar hatte ich meine Meinung vertreten: Wir könnten nicht davon ausgehen, dass das Wirtschaftswachstum immer weitergehe. Und wir könnten auch nicht immer nur das Geld als alleinige Motivation betrachten. Es müsse auch noch andere Dinge geben, die mich täglich motivieren, das Beste zu geben. Ich war erst am Nachmittag dran und konnte so gemütlich aus Deutschland anreisen und noch ein paar Minuten Oliver Stock, dem stellvertretenden Chefredakteur des Handelsblattes, zuhören. Nach der anschließenden Kaffeepause, bei der ich von vielen Seiten angesprochen wurde, dass man schon sehr gespannt auf meinen Vortrag sei, begann ich zu reden. Obwohl der Saal verdunkelt war, fiel mir eine wunderschöne und elegante Dame auf, die mich später im Foyer beim Büchertisch ansprach. Sie sagte mir, dass ich sie tief berührt hätte und sie an einer Stelle den Atem angehalten habe, weil sie ihre kleine Tochter verloren hatte, als diese erst 5 Jahre alt war. Noch nie hätte sie so einen Trost empfunden wie bei meinen Sätzen. Ich hatte davon gesprochen, wie endlich das Leben ist, und gefragt, was wohl das schlimmste sei, was einem Menschen passieren könne. An dieser Stelle hatte ich gesagt: „Ich denke, wenn man sein Kind verliert! Wenn man nur an diesen furchtbaren Germanwings-Flug 9525 im März 2015 denkt. Und da haben wir keine Antworten. Auch nicht als Kirche. Und manchmal, wenn jemand sehr trauert, trau ich mich zu sagen: ‚Stell Dir mal vor, es wäre umgekehrt. Du wärst gestorben und Dein Kind würde leben. Was würdest Du ihm aus dem Himmel zurufen? Würdest Du nicht sagen, mein Schatz – hör auf zu weinen. Bitte lebe. Mach das Beste daraus. Wenn man jemanden liebt, will man, dass der andere glücklich ist. Ich kann nicht glücklich sein, wenn Du unglücklich bist. Bitte, mein Schatz, genieße Dein Leben, tröste andere. Wir sehen uns wieder.‘ Würden Sie ihm das nicht sagen wollen?" Nun, umringt von vielen Menschen, sah ich die Tränen in ihren Augen, sah unvorstellbares Leid und jahrelanges Ringen und den täglichen Kampf, ohne ihren „Engel" weiterleben zu müssen. Sah den Schmerz einer großartigen Mutter und den kleinen, winzigen Trost, den ich ihr schenken durfte, und sie umarmte mich spontan. Ich konnte nicht ahnen, welche kostbare Freundschaft aus dieser Begegnung erwachsen würde. Ein paar Tage später verbanden wir unser Leben auf Facebook, und als ich wieder in Südtirol war, trafen wir uns im Garten eines Bozener Hotels, und die Freude war unsagbar groß. Wir hatten Zeit, über vieles zu sprechen und uns auszutauschen. Über ihren wundervollen Sohn, der ihr großes Glück ist, ihre Familie, ihren Beruf. Immer wieder sagte sie mir, welchen besonderen Stellenwert ich in ihrem Leben eingenommen hätte, und auf ihre charmante Weise beglückt sie mich oft mit persönlichen Nachrichten und guten Wünschen für den Tag. Als der

Todestag ihrer Tochter wieder näher kam, wusste ich inzwischen, wie schwer es für sie sein würde. So tat ich alles, was ich in Bewegung bringen konnte, dass sie in den dunkelsten Stunden des Jahres auch von mir eine kleine Freude erhalten könnte. Das war mein kleines, zärtliches Zeichen der Anteilnahme. Eine andere gemeinsame Facebookfreundin wurde zur Botin und tat mir diesen Liebesdienst. Ich hatte sie ein paar Monate zuvor bei einem Vortrag kennengelernt und ihr schon damals das Geld für die Blumen dagelassen. Vor dem Gottesdienstbeginn zum Jahrestag wurde ihr der Strauß „im Auftrag von Schwester Teresa" überbracht. Ich hatte vorher ganz unschuldig gefragt, wie sie den schweren Tag verleben würde, und die Adresse ausgehorcht. Was für eine unaussprechliche Freude durfte ich ihr damit machen, dass ich an sie gedacht hatte! Inzwischen haben wir uns öfters getroffen, und das letzte Mal überraschte sie mich, als sie plötzlich im Pustertal bei meinem Vortrag unangekündigt auftauchte und mich ebenfalls mit soviel Liebenswürdigkeiten beschenkte. Zu meinem 50. Geburtstag lud ich alle Facebook-Freunde aus Südtirol, die nicht verreist oder Termine hatten, in den Garten meines Urlaubsdomizils bei meinen allerliebsten Freunden ein, und auch da war sie dabei. Und natürlich sind wir jeden Tag virtuell verbunden, aber jedes Wort von ihr hat einen Zauber. Viele gegenseitige und zärtliche Zeichen der Verbundenheit dürfen wir einander schenken, und sie ist mir ein Vorbild geworden. Ein Jahr danach hatte eine weitere Facebook-Freundin aus Südtirol eine Bitte: Sie hatte auf Facebook gelesen, dass ich in die Nähe einer lieben Bäuerin zum Vortrag eingeladen war und bat mich, sie zu besuchen. Sie sei schwer an Krebs erkrankt und wäre auch schon mal meine Veranstalterin gewesen. Natürlich sagte ich sofort zu, fuhr früher als geplant los und kam am Bauernhof der Familie an. Ihr Mann war gerade damit beschäftigt, eine Kuh in den Stall zu bringen. „Was für eine Überraschung! Schwester Teresa, wo kommen Sie denn her?", rief sie bei meiner Ankunft. Ich erkannte sie fast nicht wieder, so abgemagert war sie. Mit einem Kopftuch, das ihren kahlen Kopf verdeckte, umarmte sie mich innig, und wir nahmen Platz am Bänkchen vor ihrem Haus. Ich hielt ihre Hände und sie berichtete mir von ihrer Therapie, und immer wieder brachte sie zum Ausdruck, welche Freude es ihr bereite, dass „die Schwester aus Deutschland" sie besuche. Ihre Töchter hatten Kaffee gekocht und in der Stube saßen wir beisammen und ich staunte, wie tapfer sie war. Wir beteten, und der Raum war erfüllt mit Hoffnung und Sorge. Vor ihrer Familie wollte sie nicht jammern und klagen, weil das ja niemandem helfen würde, aber in den ängstlichen Augen ihres Mannes spürte ich den Schrei der Angst, als er uns zum Auto brachte. Sie ist inzwischen im Paradies. Sie war so ein fröhlicher, positiver Mensch, der nicht nur ihrer Familie fehlen wird.

Manche Menschen sind ein Goldstück.
Ihre Liebe ist unermesslich groß.
Ihre Sanftmut belebend.
Ihre Liebe umarmend.
Ihre Nähe frohmachend.
Ihre Worte tröstend.
Ihre Blicke zärtlich.
Ihr Humor ansteckend.
Ihre Kraft mutmachend.
Ihr Dasein ein Geschenk.

Danke Gott für solche Menschen.
Ich wünsche allen
so ein Goldstück.

Zärtlichkeit auf Facebook?

Für mich ist jede einzelne Facebook-Freundschaft etwas ganz besonderes. Viel Mühe gebe ich mir jeden Morgen, meinen Freunden eine „gute Botschaft" in den Tag, Gedichte oder Sprichwörter mitzugeben oder lustige Begebenheiten und Berichte und Fotos von meinen täglichen Abenteuern bei den Veranstaltungen zu posten. Besonders bemühe ich mich, jedem Geburtstagskind zu gratulieren, und das ist bei mehr als 3300 Freunden gar nicht so leicht. Sollte ich es an einem Tag verpassen, hole ich es am nächsten Tag nach. Für mich heißt Freundschaft und Seelsorge, immer für die Menschen da zu sein, wenn sie mich brauchen. So war das in der Gemeinde, und so ist es auch bei meinem Freundeskreis auf Facebook. Ein Ziel unserer Kommunität ist es, neben dem Gemeindeaufbau Freundschaft mit den Menschen zu leben und „Gott in allen Dingen zu suchen und zu finden", wie es der heilige Ignatius beschrieben hat. Gott kann mir in allen Dingen, jedem Telefonanruf, jeder Nachricht oder jedem Kommentar begegnen. Offen und wach für Ihn zu sein und mich für die Menschen zu interessieren, ist meine Berufung. Ist die Berufung der „Kleinen Kommunität der Geschwister Jesu". Meiner wundervollen Gemeinschaft, die zwar klein ist, aber „eine große Ausstrahlung hat", wie jemand es zu unserem 20-jährigen Jubiläum beschrieb. Jedenfalls wächst unser Freundeskreis kontinuierlich, dass durften wir bei unserer Jubiläumsfeier erleben. Wir haben sie gegründet, weil Gott uns berufen hatte, eine „Gemeinschaft von Gemeinschaften" zu sein und Gemeinschaft zu stiften. Wir möchten für Menschen da sein, ob live oder virtuell.

Die Seelsorge hat für mich keinen Feierabend, und manche dürfen mich auch in der Nacht belästigen, wenn sie wieder eine Panikattacke haben. Wenn die Mutter erkrankt ist oder ein Unfall passiert ist. Nie vergesse ich den Hilferuf eines Facebook-Freundes, dessen Enkel es nach der Geburt dramatisch schlecht ging, weil mit dem Herzen etwas nicht stimmte. Ich rief alle Freunde zum Gebet auf, und ich betete die halbe Nacht. Und Gott hat unser Gebet erhört! Tage später konnte es der Arzt nicht fassen, berichtete mir der Großvater, dass das Herzlein des Kindes gesund war. Nach unzähligen Gesprächen und nach meinen Vorträgen nehme ich jedes Mal Gebetsanliegen mit, und für viele meiner Facebook-Freunde bin ich eine Anlaufstelle geworden. Man bittet mich zu beten, und auf meinen vielen langen Autofahrten ist das ja kein Problem. Ich gebe alle Anliegen an Gott weiter. Wunderbare Dinge haben wir inzwischen erlebt, aber einmal musste ich doch schmunzeln: Eine Frau rief mich an und hatte drei Anliegen, für die ich bitte beten sollte, und kurz vor dem Auflegen meinte sie „Ach ja, und mein Enkel bräuchte noch eine neue Wohnung"! Ok, sagte ich ihr, mal schauen, was sich machen lässt. Tage später schrieb sie mir, dass das mit der Wohnung geklappt hätte, aber die anderen Sachen noch nicht. Mein armer guter Gott! Wie viele Wünsche und Gebete sollst du jeden Tag erfüllen, und das sofort und plötzlich und auf der Stelle. Besonders vor Prüfungen und schweren Klassenarbeiten werde ich regelmäßig kontaktiert, und ich bestürme den Himmel, auch wenn ich weiß, dass es wohl auch am Prüfling selbst liegen wird. Viele bitten mich auch zu beten, wenn das Wetter für die nächste Veranstaltung halten soll, Schlüssel verlegt worden sind oder der Streit eskaliert ist. Aber irgendwie bin ich auch sehr bewegt darüber, dass viele sich besser fühlen, wenn sie wissen, dass ich für sie bete.

Die erste Zeit im Himmel werde ich wohl damit verbringen müssen, Gott, Jesus, und seiner Mutter, dem Hl. Antonius und dem Hl. Josef für all die vielen kleinen und großartigen Gebetserhöhungen zu danken, die sie als kleine

Zärtlichkeiten uns zuteil werden ließen. Für Menschen zu beten und ihnen nahe zu sein, dafür bin ich schließlich da. Ich habe den Weg als Schwester gewählt, um zu dienen, und als pastorale Mitarbeiterin meiner Kirche habe ich einen klaren Auftrag und ich habe mehr Zeit als viele verheiratete Kolleginnen und Kollegen. Manche Freundschaften auf Facebook haben für mich schon Kultcharakter, wie die mit meinem liebenswerten „Kurt" aus Wien. Er war immer der schnellste, der einen sympathischen Kommentar unter meine ersten Postings schrieb, und schon bald amüsierten sich viele andere über den charmanten Wiener, der nebenbei auch einen sehr interessanten Lebensweg hatte und der Mutter Gottes in Medjugorje einiges verdankt, er hat sogar ein Büchlein darüber geschrieben. Wie groß war die Freude, als ich mit meiner Gemeinschaft nach Wien kam und wir ihn persönlich kennenlernten. In den Höhen und Tiefen der Jahre sind wir „dicke Freunde" geworden, und wir können uns aufeinander verlassen. Mit manchen bin ich schon über sechs Jahre innig verbunden und nehme auch an ihrem Leben teil. Als ich zum ersten Mal den liebenswürdigen Tobias, den Messner der Autobahnkirche von Baden-Baden, besuchte, kam eine Stunde vorher an diesem Nachmittag sein jüngster Sohn zur Welt. Und er ließ die wunderschöne Glocke läuten. Das verbindet uns für immer. Mein Freundeskreis ist überhaupt spannend und vielfältig: Angefangen bei Kindern und Jugendlichen aus meinen Chören und Musicalteams, liebenswerten ehemaligen Mitarbeitern aus meiner früheren Gemeinde bis zu Keyspeaker-Kollegen, Liedermachern, Pfarrern, Sängerinnen und Autoren und sogar einigen Stars. Darunter sind viele Katholiken, aber auch sehr vielen evangelische Mitchristen aus Landeskirchen und Freikirchen. Auch Margarete Schreinemakers, der ich mein Fernsehdebüt verdanke, liebevolle „Häretiker", wie sie sich selber bezeichnen, und Neugierige gehören dazu. Der immer freundliche Pfarrer Viktor, bei dem ich auch schon einen Vortrag hielt und der in Treue für uns alle betet, die liebe Anna aus der Slowakei, die so viel Verständnis hat, oder die gütige Elfriede, die uns dann auch mit selbstgestrickten Socken versorgt, und natürlich mein größter Fan „Mein Mirko!", Regina S. und Claudia D., mit denen ich am längsten hier befreundet bin, und Gisela, die mich jeden Morgen mit einem liebevollen Bild und Kommentar beschenkt. Alwina, Maria, Birgit, Bettina oder Inka und wie sie alle, alle heißen. Zu jedem von ihnen gäbe es eine Geschichte. Eine Lebensfreundschaft sind Peter und seine liebevolle Heidrun geworden. Wir kannten uns schon ein Jahr über Facebook, bis wir feststellten, dass wir nur fünf km von einander entfernt wohnten. Peter ist ein hervorragender Fotograf und Designer, dem ich nicht nur meine Autogrammkarten verdanke. Und Carsten, den tapferen alleinerziehenden Vater zweier so lieber Jungs, die ich, noch bevor wir uns persönlich trafen, so sehr ins Herz geschlossen hatte.

Nur religiöse, intolerante Fanatiker und Kritiker haben bei mir keinen Platz. Und wer kein Profilbild zeigt, den nehme ich nicht an. Ich liebe den Rosenkranz, aber als Profilbild ist er doch sehr ungeeignet. Natürlich erschrecken mich Hasspostings, Gewaltandrohungen, und vor allem finde es es schockierend, wie man über Politiker, ob zu Recht oder Unrecht, spricht und sie wegen jedes Versagens und jedes Fehlers lächerlich macht. Jede respektlose Behandlung eines anderen Menschen ist mir zuwider, und manchmal kann man Angst bekommen. Die dunkle Seite der sozialen Medien und ihre Gefahren kann ich nicht ausblenden. Aber gerade weil so viel Böses kursiert, sind wir Christen aufgerufen, das Licht der Liebe, der Freiheit, der Güte zu verbreiten. „Tätige Liebe" nannte es mein früherer Ordensheiliger Vincenz von Paul. Bewundernswert, wie über die Sozialen Medien ganze Hilfstruppen bei Überschwemmungen oder der erste Einsatz für Flüchtlinge organisiert wurden. Facebook kann ein Sprachrohr für Ungerechtigkeit, gegen die Hetze ein positives Beispiel für Integration sein. Alles ist möglich und eine Riesenchance für uns als Kirche. Authentische, anpackende Menschen kennenzulernen, die ein freundliches Bild von unserer Kirche wiedergeben. Ein bisschen mehr Humor zeigen, das Menschliche und Liebenswerte in unserem religiösen Leben. Ich staune wie viele „ Klicks" ich bekomme, bei ganz normalen Dingen. Wenn ich ein Bild zeige, wie ich beim Oktoberfest einen Maßkrug halte, freuen sich so viele mit, oder wenn ich meine Fußballleidenschaft teile. Am Herzen der Menschen bleiben, mich für sie interessieren, ihnen das Gefühl geben, da ist jemand für sie da, auch wenn sie nicht oder nicht mehr oder in eine andere Kirche gehen. Ich gebe zu, dass ich manchmal auch freche Postings mache, ich bin nun mal ein humorvoller Mensch. Als ich nach einer langen Autofahrt wieder nach Hause kam und im Radio alle halbe Stunde die Nachricht wiederholt wurde, dass sich ein Fußballer geoutet hatte, war ich genervt. Gab es nichts Wichtigeres? Da schrieb ich ganz frech:

„Wenn alle sich outen, dann will ich das heute auch tun:
Ich bin verliebt in Gott,
habe ein Verhältnis mit seinem Sohn,
flirte gerne mit dem Heiligen Geist,
treibe mich in der Kirche rum
und diene seinen Kindern."

Was mir sehr viele erheiternde Kommentare und Klicks einbrachte. Gerne zu leben, zu lieben, zu lachen und mit der frohen Botschaft ernst zu machen, das finde ich wunderbar. Jesus lebte sein Leben mit den Menschen. Jesus feierte gerne mit den Menschen, er heilte sie, er berührte sie, er schenkte ihnen Ansehen und Würde. Er liebkoste zärtlich die Kinder und wollte, dass wir einen Weg finden, sie zu ihm zu bringen. Er forderte uns auf, niemanden daran zu hindern, IHM zu begegnen. Er verurteilte niemanden, er gab sein Leben, weil er sich in die Menschen verliebt hatte. In mich, in Dich, für immer.

Wie sehr wir Dich brauchen, spür ich an diesem Tag.
Wo viele Menschen leiden, so viele, die ich mag.

Um Deine sanfte Nähe bitte ich, oh Herr,
steh ihnen allen bei, ihre Herzen sind so schwer.

Heil Du die vielen Kranken, den Traurigen gib Mut.
Und wer vor Angst verzweifelt, nimm Du hinweg die Wut!

Ich will Dir stets vertrauen, Du stehst ihnen jetzt bei.
Für alle Wunder preisen, nur Du machst wirklich frei.

So rufe ich Hosanna und rette mich zu Dir.
Du bist des Lebens König, auf Dich vertrauen wir.

50 Jahre Zärtlichkeiten

Ich wollte immer 18 werden, schon als Kind und als Jugendliche konnte ich es kaum erwarten, und im Jahre 2014 wurde ich 50 Jahre alt. Ich weiß gar nicht, wie das so schnell passiert ist! Hätte nie geglaubt, dass ich das schaffe, und ich wollte ein ganzes Jahr meinen Geburtstag feiern. Ich habe auch einen guten Grund dafür, denn mein Geburtstag ist am 5. August, also in den Sommerferien. Jedenfalls war das so in Baden-Württemberg, wo ich aufgewachsen bin, und in Bayern, bzw. Franken, wo ich jetzt seit 22 Jahre lebe. Das war für mich als Kind schon immer ganz schrecklich. Nie konnte ich direkt an meinem Festtag feiern, denn alle meine Freundinnen und Schulkameraden waren weg, und auch wir fuhren immer nach Kroatien ans Meer. Ich beneidete die anderen, denn nachfeiern war einfach nicht dasselbe. Warum ich so gerne Geburtstagskind bin, kann ich gar nicht sagen, aber ich bin immer schon ein paar Tage im Voraus „vorgeregt". So ist das bis heute geblieben. Und auch an meinem 50. Geburtstag waren wir in Kroatien, denn ich wollte ja dort sein, wo meine Mama ist, weil sie den Sommer dort verbringt. Schließlich verdanke ich ihr ja mein Leben. Meine drei liebsten Freundinnen aus Düsseldorf, Geiselwind und Südtirol waren angereist, und im Kreise meiner Gemeinschaft und Familie war es ein wunderschöner Festtag, ja eine Festwoche. Später feierte ich dann nochmals mit Freunden in Südtirol und dann die große Feier mit allen Freunden zu Hause. Unzählige Briefe, Emails, WhatsApp-Nachrichten und Telefonate erreichten mich, und es wurde für mich zu einem außergewöhnlichen Geburtstag. So viele Zärtlichkeiten, allein die 800 Facebook-Einträge, von Menschen, die mir alles Gute, Gesundheit und Freude wünschten, berührten mich so sehr, dass mein Herz es gar nicht fassen konnte. Und dann noch die wunderschöne Bootsfahrt. Meine Mama hatte das

Boot für uns gechartert. Wir feierten Gottesdienst auf meinem geliebten Meer, schwammen in einer Bucht, und auf dem Boot wurde für uns gegrillt. Himmlisch schön! Aber ich wollte auch etwas Gutes tun und nicht nur feiern. Wollte Gott und den Menschen meinen Dank zurückgeben, ihnen Freude bereiten und Menschen glücklich machen. Wie kann man das besser als durch ein soziales Projekt oder auf musikalische Weise?

So planten wir ein besonderes Geburtstagsevent im September in der Musikhalle in Geiselwind. Das ist nicht nur eine Erlebnisraststätte mit Eventhalle, Hotel und Autobahnkirche an der A3. Da ist auch eine meiner liebsten Freundinnen zu Hause. Manuela war sofort begeistert von der Idee, und ihr und ihrer Familie verdanke ich die ganze Organisation und Durchführung. Für die christlichen „Stars" hatte ich zu sorgen, und das fiel mir nicht schwer, denn wir hatten schon oft gemeinsam auf der Bühne gestanden. Vor allem bei unseren Kirchenfestivals und sogar einmal im Bamberger Dom vor 1000 Besuchern mit unserem Erzbischof. Aber natürlich war ich dennoch gerührt, dass die Liedermacher Johannes M. Roth und Martin Pepper, Marisa und Deborah Rosenkranz sofort zusagten. Nur Maite Kelly konnte nicht, weil ihre dritte Tochter auf die Welt kommen wollte. Sie ist eine so liebenswerte und großartige Künstlerin und Mutter, und mit ihrer offenen und heiteren Art, ihrem tiefen Lebens- und Glaubenszeugnis hat sie schon so viele Menschen berührt. Vor allem mich. Als „Stars pray for Jesus" trat der Rest der faszinierenden Künstler auf und wir lobten Gott. Mein ehemaliges Musicalteam, die Kinder- und Jugendchöre und der neue Kinderchor von Schwester Claudia, das neue Abenteuerlandteam und alle Ehemaligen, die ich erreichen konnte, sangen mit. Oh, wie hatte ich sie alle vermisst! Es war einfach berührend und frohmachend. Hier gaben Künstler Zeugnis ihres Glaubens, sangen sich in die Herzen der Zuhörer, während ich moderierte. Und es kamen so viele Spenden zusammen, dass wir die zwei Projekte, die mir Gott ans Herz gelegt hatte, unterstützen konnten. Wir rundeten die Summe auf, so dass dreitausend Euro für ein Haus in Srebrenica zusammen kamen, damit eine Familie endlich ein Zuhause fand. Deborah Rosenkranz engagierte sich dort, war selbst vor Ort und half mit einem Team am Bau mit.

Und weitere tausend Euro wurden für ein Wasserprojekt in Senegal gespendet. Eine liebe Freundin versucht dort das Lebenswerk ihres verstorbenen Mannes weiterzutragen, der an Parkinson erkrankt und gestorben ist. Er hatte dort die tröpfchenweise Bewässerung im Garten einer Berufsschule eingeführt. Das hatte soviel Erfolg in einer sonst ständig dürren Gegend, dass die Bewohner ihm zu Ehren es „Ewalds Garden" nannten. Ich kann nur allen Spendern und Freunden von Herzen danken. Es sind nur kleine Tropfen im Meer des Leidens, aber damit hatte mein runder Geburtstag einen tieferen Sinn. Ich war einfach überwältigt und dankbar für meine Freunde.

Ich wollte keine zusätzlichen Geschenke bekommen, ich bin jeden Tag so beschenkt von meinem Gott, aber manche haben sich so liebenswerte Aufmerksamkeiten überlegt, dass ich sie nie wieder vergessen werde. Als wir mit unseren Freunden in Deutschland feierten, begannen wir mit einem Gottesdienst in unserer Gemeinde, und ich traute meinen Augen nicht, als ich an die Kirche kam. Die liebe Pfarrsekretärin Anita hatte im Schaukasten die Zahl 50 mit Tüchern geschmückt und den Gottesdienst angekündigt. So was von lieb. Oder meine allerbeste Freundin, meine Marial aus Südtirol und ihr kostbarer Mann, hatten mir einen ganzen Satz Gläser geschenkt und auf jedes Glas einen Spruch aus meinem Büchlein „Die kleine Nonne" eingravieren lassen. „Einen Menschen froh machen, ist Gott in die Arme laufen." Ich war zu Tränen gerührt. Unser guter Freund und Bundestagsabgeordnete Harmut Koschyk, den ich über alles schätze, hat mich und meine Mutter nach Berlin eingeladen, das war so eine liebe Geste, auch wenn ich den Gutschein aus Zeitmangel bisher nicht einlösen konnte. Vielleicht tue ich es, wenn ich dieses Buch beendet habe. Oder meine neuen Freunde in unserer Seelsorgeeinheit, Carola, Kerstin, Margarete, Waltraud und Matthias, hatten mir eine herrliche Litanei geschrieben und sich so liebevolle und persönliche Zuwendungen ausgedacht. An schweren Tagen lese ich gerne in meinem Tagebuch nach. Vor allem die Karten und Briefe von meiner Gemeinschaft und Freunden, in denen sie mir ausdrücken, was ich ihnen bedeute, sind kostbarer als jedes teure Geschenk. Die Worte der Liebe haben einen wundervollen Zauber. Sie beträufeln unsere Seele mit Zartheit und erfüllen uns. An schweren Tagen sind sie wie Balsam. An traurigen wie ein Licht. An schmerzvollen wie ein Medikament, das sofort wirkt. Sie bewegen uns, lassen Tränen einfach aus uns herausquellen, stoßen zarte Saiten an und werden zu vertrauten und kostbaren Schätzen unseres Lebens. Und sofort merkt man, ob sie ehrlich sind, mit Gefühl geschrieben, eine Botschaft des Herzens tragen und so zu einem Raum der zärtlichen Liebe werden. Wie einen kostbaren Schatz bewahre ich die Karte auf, die mir meine Mutter zu meinem 18. Geburtstag geschrieben hat. Sie ist inzwischen vergilbt und unleserlich geworden. Gott sei Dank lebt meine Mutter noch, aber ich weiß jetzt schon, dass diese Karte für mich das werden wird, was für Leonardo Boff das Sakrament des Zigarettenstummels war – der letzte Stummel einer Strohzigarette seiner Vaters, die er rauchte, bevor er starb. Seine Schwester hatte ihn in den Briefumschlag gesteckt. Für Leonardo Boff war von diesem Augenblick an der Zigarettenstummel kein einfacher Zigarettenstummel mehr. Er wurde zu einem „Sakrament", lebte, sprach von Leben und begleitete sein Leben. In seiner Erinnerung ließ er die Gestalt des Vaters gegenwärtig werden, ist zum Beziehungspunkt für alle Geschwister geworden. Die Karte meiner Mutter war für mich ein Loslassen aus der Kindheit, eine Befreiung, eine Mahnung und eine Wegweisung für mein ganzes Leben. Und weil sie so gut wie nie ihre Gefühle niederschreibt, ist dies für mich einzigartig.

Liebe Dana,

ab Donnerstag bist Du volljährig, also erwachsen.

Aber zum Erwachsensein gehört etwas mehr als das bloße Erreichen eines Zeitpunktes.

Ob Du wirklich erwachsen bist, musst Du, liebe Dana, immer wieder beweisen. – Lebe Dein eigenes Leben – aber vergiss nie, dass Du in vielfältiger Hinsicht von der Gemeinschaft abhängig bist. Im übrigen: Du darfst zwar jetzt Verträge schließen, Deine Abwesenheit in der Schule selbst entschuldigen und eigenständig Entscheidungen treffen.

Nach wie vor aber bleibst Du meine Tochter, der ich meinen Rat und meine Hilfe anbiete, aber nicht aufdränge (Hab ich das bis jetzt gemacht?). Mache von meinen Erfahrungen Gebrauch, wenn sie Dir nützlich erscheinen. Tue nichts mir zuliebe – auch wenn Du natürlich weißt, dass ich nur Dein Bestes will – tue das, wozu Du stehen kannst. Mache etwas aus dem neuen Lebens-Abschnitt, der am Donnerstag für Dich beginnt! Und tue möglichst nur solche Dinge, auf die Du hinterher auch stolz sein kannst. Ich liebe Dich. Deine Mutti

Diese Karte ist mein Schatz, mein kostbarster Schatz von ihr. Als sie letztens ihr Schlafzimmer aufräumte, fand sie Briefe, die ich ihr aus den ersten Jahren im Kloster geschrieben habe. Damals habe ich eine Menge geschrieben, aber ich wusste nicht mehr, wie viele es waren. Auch sie musste bei jedem einzelnen weinen, sagte sie mir.

Ein neuer Morgen.
Ein neuer Anfang.
Ein neues bewusstes „Ja".
Eine Liebe aus Freiheit.
Eine Hoffnung,
zärtlicher ‚als gestern zu leben.
Eine Dankbarkeit
für alles, was mich umgibt.
Ein langer Tag,
um mich von Gott tragen zu lassen.
Eine Vorfreude
auf alle neuen Überraschungen.

Verpasste Zärtlichkeiten

Eine liebe Freundin aus meiner früheren Gemeinde, die ein Altenheim betrieb, saß mit ihrem Mann beim Frühstück. Er wollte anschließend noch schnell duschen gehen, bevor er zu seinem nächsten Termin fuhr. Als er nach einer halben Stunde nicht kam, entdeckte sie ihn tot in der Dusche. Herzinfarkt! Sie konnte ihn nicht mehr retten. Sich nicht verabschieden, ihm nicht danken, dass er sie zur glücklichsten Frau diese Erde gemacht hatte. Ihn nicht mehr um Verzeihung bitten. Ihm noch ein einziges Wort sagen. Wäre sie doch früher nachschauen gegangen. Hätte sie ihm beim Frühstück doch nur gesagt, wie sehr sie ihn liebt. Wenn Menschen plötzlich aus diesem Leben gerissen werden, ist das für die Angehörigen und Freunde dramatisch.

In meinem Jugendchor hatte ich ein stilles, schüchternes, feinfühliges Mädchen. Seit ihrer Erstkommunion war sie in meinen Chören. Nun war Christine fast 19-jährig, stand kurz vor ihrem Abschluss in der Berufsschule und hatte eine sichere Lehrstelle in einer Apotheke. Ihre Zukunft stand ihr offen. Sie war immer freundlich, kam pünktlich, hatte nie ihre Liednoten vergessen und war auf allen meinen Musicaltouren und Reisen, wie auf unserer Romfahrt, dabei. Zuverlässig, hilfsbereit, und tiefgläubig kannte man sie, die mit ihrem älteren Bruder und ihren Eltern nahe der Kirche wohnte. Sie war unauffällig aber entwickelte sich in all den Jahren zu einer bemerkenswerten jungen Frau. Ich sah sie heranwachsen, über elf Jahre trafen wir uns wöchentlich zum Proben und am Sonntag in der Kirche, und ich liebte sie. Sie war eines meiner „Mädchen". Wie oft hatten mir Eltern in all den Jahren ihre Kinder anvertraut? Auf unzähligen Busreisen, Flügen oder Übernachtungen in Schulen und bei Kirchen- und Katholikentagen. Sie waren der größte Schatz ihrer Familien und der größte Schatz Gottes. Immer war ich mir meiner Verantwortung bewusst.

Scherzte, lachte und spielte mit ihnen, ermahnte sie, trieb sie an und forderte sie, beschenkte sie, lehrte sie beten und singen und führte sie zu Jesus. Immer zu Jesus. Zum Lobpreis. Manchmal sangen wir, bis wir heiser waren, auf der Straße, im Flugzeug, in der Schule, in unseren Gottesdiensten. Machten Pizzaschlachten und Diskussionsstunden, weinten und trösteten einander. Sie waren mir anvertraut, ich war ein Teil ihres Lebens, für ein paar Jahre ihre Freundin, Begleiterin und für manche „geistige" Mutter. Ich danke Gott so sehr, dass nie etwas passiert ist und wir behütet waren. An einem Wochenende sollte Christine ihrem Onkel bei einer Messe im Ruhrgebiet am Stand helfen, und ihre Mutter ließ sie mitfahren. Als mich der Hilferuf Tage später erreichte, lag sie im Koma, und ich konnte es nicht fassen. Was soll passiert sein? Sie hatte so eine starke Erkältung bekommen, dass der Onkel sie nachts ins Krankenhaus bringen musste, weil sie Atemnot hatte. Dort mit Sauerstoff versorgt, schien es ihr erst besser zu gehen, sie bekam früh noch einen Tee, aber dann schaute für mehrere Stunden niemand nach ihr. Eine Krankenschwester hatte sie später mit Atemstillstand gefunden. Sofort nahm ich zwei meiner Chor-Mädchen mit und wir fuhren nach Essen. Wir wollten uns bei der Ankunft zusammenreißen, aber als wir ihre völlig aufgelösten Eltern sahen, weinte ich bitterlich. An vielen Geräten in der Intensivstation hing sie, und man sah sofort, dass sie wohl zu lange ohne Sauerstoff war, auch wenn sie künstlich beatmet wurde. Alle Tests, die man angeblich noch machen wollte, waren wohl sinnlos. Ich war so wütend. Wieso schaut niemand nach unserer Christine, wie kann im Krankenhaus so etwas passieren? Um die Eltern nicht noch mehr zu belasten, sprach ich das Thema nicht an, hätte mir aber gerne den Arzt vorgeknöpft. Vielleicht wollte ich diesen Wahnsinn nur nicht akzeptieren. Wir beteten, wir sangen für unsere Freundin, wir weinten und wir schwiegen und umarmten ihre Eltern. Ich streichelte diesen wunderbaren jungen Menschen, und ich küsste sie. Wie ohnmächtig war ich! So sinnlos kam mir das hier alles vor. Sie war schon zwischen Himmel und Erde, und ich spürte, dass es Zeit war, sich zu verabschieden. „Geh zu Jesus, ER wartet auf Dich. DU hast es ihm so oft gesungen, und ER erwartet Dich mit der Fülle Seiner Liebe." Christine war auf dem Weg, ihrem geliebten Opa zu folgen. Sie war auf dem Weg zum Ziel ihres Glaubens. Sie war ein glückliches, zufriedenes Menschenkind gewesen. Sie hatte uns allen vorgelebt, was Freundlichkeit und Güte ist. Wir hatten eine kleine stille Heilige unter uns! Es war eine schwere Beerdigung, aber wir sangen alle ihre Lieblingslieder. „Mein Jesus, mein Retter, keiner ist so wie du..." „Niemand hat mein Leben so verändert wie du". In regelmäßigen Abständen besuchten wir mit dem kompletten Jugendchor ihre Mutter. Sie backte uns Muffins und wir sangen für sie. Als ich einmal alleine mit ihr sprach, vertraute sie mir an, dass sie immer darauf wartet, dass ihre Christine durch die Tür kommt, aber sie komme nicht. „Hätte ich ihr nur noch mal gesagt, wie sehr ich sie liebe!" Alle sorgsam zusammengefalteten Chor-T-Shirts und ihre Chormappe, so wie Christine sie hinterlassen hatte, gab sie mir eines Tages mit. „Meine Tochter hat Sie so geschätzt, Schwester Teresa." Ja, das wusste ich, und ich vermisste sie ebenso. Nicht lange danach musste ihre Mutter ins Krankenhaus. Ihr Ehemann rief mich an. Nach einer OP hatte sie sich noch einen Krankenhausvirus zugezogen. Meine Güte, was denn noch alles an Leid? Ich telefonierte mehrmals mit ihr, bevor sie in die Reha kam. Ich dachte, es ging ihr besser, aber inzwischen ist sie mit ihrer Tochter vereint bei Gott. Ihre Sehnsucht war wohl zu groß. „Hätte ich es ihr nur nochmal gesagt...". Warum sagen wir es so selten, was der andere uns bedeutet? Warum brauchen wir immer erst ein Schicksal, um uns daran zu erinnern? In meinen Vorträgen frage und ermutige ich oft dazu. Warum schreibt eine Frau ihrem Mann, der früh zur Arbeit muss, nicht einen Zettel, auf dem eine Nettigkeit steht wie: „Mein Schatz, ich habe dich so lieb, ruf mich hundertmal an!" und steckt ihn in sein Jackett. Und warum hinterlässt ein Mann seiner Frau nie einen Zettel mit Worten wie „Mein Schnuckiputzihäschen," – oder was Sie sonst zu Ihrer Liebesten sagen – „... das Beste an mir bist DU!" und hinterlässt diesen Zettel am Küchentisch? Wenn man so einen Zettel vorfinden würde, wäre dieser Tag anders, denn unsere Sprache hat einen Zauber. Wir könnten jeden Tag einander beglücken und tun es nicht. Warum hinterlassen wir nicht kleine, zärtliche Kostbarkeiten, die so gut tun. Und dabei ist es egal, ob es ein SMS oder ein Zettelchen ist oder auch mal wieder ein Brief.

Eine meiner wundervollen Freundinnen schrieb ihren Kindern anlässlich ihres vierzigsten Hochzeitstages und erlaubte mir einige Sätze zu veröffentlichen. Sie schrieb:

„Als wir Eltern uns vor 40 Jahren das Jawort gaben, waren wir noch sehr jung und ohne Lebenserfahrung. Wir dachten, wenn zwei Menschen sich lieb haben, reicht das für ein ganzes menschliches Leben, und nichts wird uns erschüttern können. Doch so manche Stürme mussten wir dann auch erleben, und so mancher davon ist auch bei Euch, liebe Kinder, nicht spurlos vorüber gegangen. Wenn wir uns gestritten haben, wart Ihr es, die darunter am meisten gelitten haben. Weil wir Euch damit wehgetan haben, möchten wir heute Euch ganz persönlich um Verzeihung bitten. Ihr seid unsere Kinder, und Ihr seid auf der Welt, weil GOTT für Euch jemand ausgesucht hat, um Euch vor allem zu lieben und Euch Geborgenheit und Nestwärme zu schenken, damit Ihr in dieser Welt bestehen könnt. Ihr habt uns vom ersten Augenblick Eures Daseins an Freude bereitet, und Ihr wart ein Geschenk des Himmels an uns! Verzeiht, wo wir nicht so gehandelt haben, dass Ihr glücklich sein konntet! Wir wollten immer nur das Beste für unsere Kinder, aber wir Menschen sind sehr schwach und lassen uns leider zu oft von unnötigen Dingen die innere Ruhe rauben und sind dann gereizt, handeln lieblos und manchmal sogar ungerecht!

Wir sind stolz auf Euch und bitten Euch, genießt Eure eigenen Kinder und liebt Eure Partner und verzeiht immer wieder, verzeiht, verzeiht, der einzige Weg zum wahren Glück. Wir lieben Euch, und wir feiern das Leben! In dankbarer und inniger Liebe

Mama und Papa"

Kleine Zärtlichkeiten, liebevolle Worte sind so kostbar. Einmal im Jahr habe ich jedem Chorkind ein ganz persönliches liebevolles und aufmunterndes Wort gesagt. Das hatte ich mir tagelang vorher überlegt. Einfach, weil ich weiß, wie gut das einem Kind tut. Immer wieder schreibe ich persönlich Nachrichten an Menschen, die gar nicht damit rechnen. Jeden Tag sage und zeige ich meiner Gemeinschaft, wie kostbar mir jeder ist. Und wenn wir wieder auf Vortragstour fahren und das Auto eingeladen ist, verabschieden wir uns alle innig. Mir ist klar, wer Tausende Kilometer im Jahr im Auto unterwegs ist, dem kann immer was passieren. Kleine zärtliche Nettigkeiten verzaubern den Alltag. Jemandem bewusst zuzuhören und ihm Aufmerksamkeit zu schenken, eine Karte zu schreiben, ein großzügiges Trinkgeld zu geben, einem Obdachlosen ein Frühstück zu kaufen, der Mutter einen Brief zu schreiben oder eine Kassette zu besprechen, sein Kind zu loben, kleine Zettelchen zu hinterlassen, einen Blumenstrauß ohne Anlass zu verschenken, einen liebevollen Kommentar zu schreiben, sich Zeit am Telefon zu nehmen oder was auch immer einem anderen Menschen Zeichen der Aufmerksamkeit schenkt. Daran wird man sich erinnern. Wir sollten nie eine Gelegenheit verpassen, zärtlich zu sein.

Ein zärtliches Wort,
ein liebes Lächeln,
ein aufmunterndes Kopfnicken,
eine kleine Geste der Anerkennung,
einen Sonnenstrahl,
einen freundlichen Händedruck
und manchmal einen Regenbogen,
gerade in dem Moment,
wenn Dein Herz so schwer ist.

Jeder ist normal, bis du ihn kennst

Als die Vortragsanfragen im Jahr 2012 und 2013 explodierten, war mir klar, dass ich neben meinen Bestellern „Abenteuer Christ sein","„Der befreiende Umgang mit Fehlern" und „7 Überraschungen aus der Bibel, um erfolgreich zu sein" auch etwas Neues brauchte. Eine Idee verfolgte mich schon länger, und sie wurde von Tag zu Tag konkreter. Den Anstoß gaben mir die Menschen, die mir nach meinen Vorträgen ihre Sorgen und Nöte anvertrauten. Neben dem Signieren von Büchern, Selfies und Umarmungen sind es gerade die Momente, in denen Betroffene die Schmerzen ihrer Seele offenbaren, die in mir besonders nachklingen. Verletzungen und Kränkungen waren dabei das vorherrschende Thema. Warum gibt es immer wieder Missverständnisse? Warum verletzen wir einander? Warum so viel Hass und Enttäuschung, und warum haben wir so lange daran zu knabbern, wenn wir verletzt werden? Am Anfang nehmen wir zuerst die positiven Seiten eines Menschen auf, aber mit der Zeit werden wir auch mit seinen anderen Seiten konfrontiert. Ein Jahr arbeitete ich schon an einem Vortrag, der Menschen ermutigen sollte, und er wurde schon gebucht, bevor er fertig war. Ich war unter Zeitdruck, musste ihn auch mehrmals verschieben. Warum ich ihn nicht fertigstellen konnte, hatte einen einfachen Grund, den nur Gott kannte. Jedenfalls kann ich es jetzt im Nachhinein so deuten. Mein guter Gott ließ es zu, dass ich selbst so heftig gekränkt wurde, das, was ich den Menschen weitergeben sollte, keine blasse Theorie blieb. Ich musste selbst alle Schmerz-Phasen erleben und durchleiden und hatte Symptome einer Depression. Ich hatte einem Menschen so viel Vertrauen, meine Liebe, bedingungslose Anerkennung,

Zuwendung und viel Zeit geschenkt und hatte ihn auf meine verrückte Art mit vielen Geschenken verwöhnt. Vielleicht war ich zu naiv, aber ich hätte mir niemals vorstellen können, dass mir jemand ins Gesicht lächelt und dann genau das Gegenteil von dem denkt, was er mir an Liebenswürdigkeiten sagt. Es war eine so einmalige Freundschaft und ich tat, was ich konnte, um mich ihrer würdig zu erweisen. Bis die Bombe an Lügen platzte und das wahre Gesicht eines Menschen ans Tageslicht kam. Eifersucht kann krankhaft sein und alles zerstören. Übrig blieb Unverständnis, Enttäuschung, Ablehnung und Selbstzweifel. Immer wieder kreisten die Gedanken um die immer gleichen Wunden. Ich fing unkontrolliert an zu weinen und war am Ende ein Häufchen Elend. Alle gut gemeinten Ratschläge blieben an der Oberfläche meines Herzens, das nun völlig gebrochen und zerstört war. Wie ich so meine Vorträge halten und meine Arbeit tun konnte, war mir selbst ein Rätsel. Ablenkung half ein wenig. Aber immer, wenn ich alleine war und vor allem in der Nacht, kamen die Ängste wieder. Meine wundervolle Gemeinschaft tat alles, um mich zu tragen, mich zu trösten, mir zur Seite zu stehen. Sie beteten und in jeder Stunde, in der es mir wieder besser ging, lebten auch sie wieder auf. Ich hatte wirklich die treuesten und gütigsten Menschen an meiner Seite. Wenn ich ins Bett ging, stellte ich mir vor, ich krabbelte unter die Flügel eines Engels, und vertraute darauf, dass mein liebender Gott sich meiner erbarmen würde.

Es dauerte zwei Monate, bis ich verstand, dass ich nicht nur das hilflose Opfer war. Zur Kränkung gehören immer zwei. Der, der kränkt, und der, der es ihm erlaubt. Ich hatte wieder einmal jemand anderem Macht über mein Leben, meinen Selbstwert, meine Gedanken gegeben. Als ich 40 Jahre geworden bin, hatte ich eigentlich beschlossen: Ab heute kränkt mich keiner mehr! Und ich erkannte nun, ich konnte meine Probleme nur lösen, wenn ich verstand, was sich in meinen Gefühlen abspielte. Mir ging auf, dass ich mich immer, wenn ich über eine Kränkung nachdenke, wieder neu kränke. Ich verstand, dass ich den Anderen nicht ändern kann. Er darf sagen, was er will, denken, was er will, und sich benehmen, wie er will. Es gibt kein Gesetz in Deutschland, in dem steht, dass jeder lieb zu mir sein muss. Schade eigentlich! Den anderen kann ich nicht ändern, aber ich alleine entscheide darüber, ob ich gekränkt bin, und vor allem, wie lange ich es bin. Das ist ganz alleine meine Entscheidung. Ich musste schmerzlich begreifen, dass ich selbst dazu beitrage, verletzt zu sein, weil ich anderen Macht über mich gebe. Ich stürzte mich auf alle Literatur, die ich finden konnte, und lernte die „ABC-Methode der Gefühle", von Dr. Doris Wolf kennen – eine mentale Selbsthilfe-Strategie, die mir Schritt für Schritt half, über meine Verletzung hinwegzukommen. „A" ist eine Situation oder ein Ereignis – ich höre etwas, ich sehe etwas, ich erinnere mich an etwas. Jetzt ist „B" entscheidend, wie ich die Situation bewerte, also meine Gedanken. Sind sie positiv, negativ oder neutral? Die Folge von dem, was ich denke, ist nun, wie ich mich fühle. Negative Gedanken machen negative Gefühle. Positive Gedanken machen positive Gefühle und neutrale Gedanken neutrale. Gerne erkläre ich das meinem Publikum an Beispielen: Du begegnest jemandem, der Dich bitterböse anschaut. Du denkst: „Was hab ich dem denn getan? Der war schon die ganze Woche so komisch!" Die Folge von Deinen negativen Gedanken ist, dass Du Dich unwohl fühlst. Aber es geht auch anders. Wir könnten anders reagieren. Nach dem bösen Blick denkst Du: „Der hat sicher Probleme", und Du fühlst Dich neutral. Oder Du hörst ein Geräusch in der Nacht, Du denkst: „Einbrecher!", und Du bekommst Angst. Das geht auch anders. Du hörst ein Geräusch, denkst „die Katze schon wieder" und Du schläfst weiter.

Das Problem bei uns Deutschen ist, dass wir Weltmeister im Denken sind. Da sagt jemand etwas Blödes über Dich und jetzt geht's los. Wir denken und denken und steigern uns richtig schön hinein. Selbst nachts können wir nicht aufhören, darüber nachzudenken. Manche bekommen sogar richtige Panikattacken in der Nacht, oder Angstzustände. Dann empfehle ich, sich auf die Bettkante zu setzten und zu seiner Angst zu sagen: „OK. Komm mal her. Jetzt reden wir mal Tacheles! Womit bedrohst Du mich eigentlich? Was ist das Schlimmste, was mir passieren kann?" Und wir merken, die Angst ist gar nicht da. Wir denken sie uns nur. Aber wenn wir soviel denken, könnten wir auch „um"-denken. Wir könnten ja etwas „anderes" denken. Wir könnten „aufhören" zu denken. Das wäre die Lösung! Die Macht der Gedanken ist unglaublich. Sie können uns krank machen oder befreien. Und das ABC der Gefühle können wir jeden Tag üben, denn jeden Tag passiert irgendetwas, worüber wir uns aufregen können. Das Schlimme ist, dass wir uns so schnell aufregen, dabei sind viele Dinge und Aussagen es gar nicht wert, dass wir lange daran hängenbleiben. Mit Gottes Hilfe konnte ich einen Vortrag ausarbeiten, wie wir mit besonders schwierigen Menschen, die wohl jeder in seiner unmittelbaren Nähe hat, besser umgehen können. Wir müssen nicht länger andere für unsere Probleme verantwortlich machen. Für mich als gläubige Christin ist ein zweiter Schritt wesentlich, nämlich die Vergebung. Ich konnte mit Gottes Hilfe den Anteil meiner Schuld erkennen und mir und dem anderen restlos vergeben. Damit wurde ich innerlich wieder frei zur Versöhnung. Außerdem ist es mir persönlich wichtig, aufzuzeigen, wie wir Konflikte schneller aus dem Weg räumen können und wie dabei Humor eine herrliche Methode ist, so manche Mühseligkeit und manchen Jammer zu ertragen, wenn andere unversöhnlich sind. Am Ende ist es Jesus selbst, der uns neue Hoffnung, neue Kraft und einen neuen Anfang schenken kann. Nur der Heiland kann unsere tiefsten Wunden heilen. Nach der Premiere sagte mir eine liebe Freundin: „Diesen Vortrag müssten alle in der Gesellschaft hören. Er ist poetisch, philosophisch, psychologisch, humorvoll und heilsam." Jedenfalls wird in keinem anderen Vortrag so viel gelacht wie in diesem, aber auch manche Träne vergossen. Tausende haben ihn schon gehört, und wenn Gott mir die Kraft gibt, werden es noch Viele sein. Vor allem berührte mich das Feedback von meiner Freundin „ACR", vor der ich großen

Respekt habe. Sie ist eine der begnadetsten Schriftstellerinnen und Künstlerinnen am Wort, die ich kennen und lieben lernen durfte. Eines Tages besuchte sie mich und begleitete mich zu diesem Vortrag. Tage später schrieb sie ihre Gedanken nieder und veröffentlichte sie.

„Auch ich höre ihr gebannt zu, will Fotos machen und vergesse es. Sr. Teresas spricht, nimmt mit in den Fluss der Gedanken, die Bilder malen und auch ganz banalen Alltag zum wichtigsten Tag krönen. Ihre Worte sind keine Losungen, keine Verallgemeinerungen irgendwelcher Psalmen. Sie spricht vom Leben. Und wenn sie über ihre erste innere Auseinandersetzung bezüglich des Hinhaltens der anderen Wange berichtet, löst sich die Gewichtigkeit der Stille im Saal im herzlichen, Lebensmut machenden Lachen auf. Ich sehe immer wieder zustimmendes Nicken. Überraschend viele Teilnehmer schreiben mit. So mancher wird zukünftig dem schreienden Gegenüber höflich und lächelnd erwidern: ,Gut, dass Du des so laut gesagt hast, nun versteh' ich's ganz bestimmt'. Die Erkenntnis, Wange hinhalten heißt auch und vor allem, nicht auf die gleiche Ebene begeben, so sie Dir nicht gefällt. Zuletzt gibt sie Hausaufgaben auf, und die Ernsthaftigkeit geht im Lachen nicht unter. Ich will nur ein kleines Beispiel beschreiben. Es solle ein jeder an diesem Abend seinen Nächsten umarmen, sobald er zu Hause ankomme. Sie sagt mehr dazu. Alle lächeln und freuen sich schon ein wenig voraus. Es ist deutlich, im Saal breitet sich herrliche Fröhlichkeit aus. Eine Zuhörerin kommt am Ende des Vortrags zu mir und bittet mich, Sr. Teresa auszurichten: Ihr Mann sei heute mit hier gewesen und nun schon alleine nach Hause gegangen. ,Damit ich daheim bin, wenn Du nachher ankommst, hat er gesagt.' Die Frau lacht froh und will schnell heim. Ich erzähle es später Sr. Teresa und sie freut sich, als höre sie das allererste Mal, wie gut sie den Menschen tut.

Was gibt sie mit auf den Weg? Was gibt sie her von sich? Was lässt sie da? So vieles. Ich habe den Eindruck, sie lässt alles da, was sie hat, und geht doch reicher, als sie angekommen, verliebter, als sie je gewesen ist und glücklicher, als ein einzelner Mensch einfach so sein kann."

Was für wundervolle Menschen gibt es auf dieser Welt!
Und ganz viele davon darf ich persönlich kennen.

Du denkst,
weil Du Schuld auf Dich genommen hast,
Deine Ehe gescheitert ist,
Deine Kinder Dir mehr Sorgen als Freude bereiten,
Dich verschuldet hast,
Deine Liebe zerbrochen ist,
Du in der Schule versagt hast,
Dein Führerschein für einen Monat weg ist,
Du gelogen hast,
Du andere gemobbt hast,
Du verheimlichst, dass Schmerzen Deine Seele zerfressen,
Du immer Angst hast,
Du Deine Arbeit verloren hast,
Du geschwiegen hast, als andere Dich brauchten,
Du enttäuscht hast,
Du im Gefängnis warst,
Du Dich über andere lustig gemacht hast,
Du kein normales Elternhaus hattest,
ist Dein Leben alles andere als normal!

Genau auf Dich wartet ER,
mit heilenden,
unbegreiflichen liebenden Worten.
Und ER wird Deine Tränen küssen,
und zum ersten Mal
wirst Du Dir wieder wie ein Mensch vorkommen,
der es wert ist, geliebt zu werden.

Zärtlich kochen ist wie ein Liebesakt...

... sagte die französische Drei-Sterne-Köchin Anne-Sophie Pic. Sicher meinte sie damit ihre Hingabe und Leidenschaft, mit der sie jeden Tag ihre einfachen, aber raffinierten Gerichte zaubert. Sie versucht, das Alltägliche und das weniger Alltägliche in etwas Außergewöhnliches zu verwandeln. Sie ist die einzige Frau Frankreichs, die je mit drei Michelin-Sternen sowie als Köchin des Jahres ausgezeichnet wurde. Einfach wunderbar, dass eine Frau es geschafft hat, in einer von Männern dominierten Gourmetwelt sich die höchste Auszeichnung zu erkochen. Wahrscheinlich werde ich bei ihr nie ein Menü genießen, aber mitfreuen kostet nichts. In Kochbüchern zu stöbern und selbst für meine Gemeinschaft und Gäste zu kochen, ist für mich ein wunderbarer Ausgleich. Kreativ zu sein, mit meinen Händen etwas zu gestalten, ist neben dem Malen und Musikmachen mein größtes Hobby. Ich liebe es, andere zu verwöhnen, und keine Arbeit ist mir dabei zu viel. Leider komme ich nur noch selten dazu, große Menüs zu kochen, das erlaubt mein strenger Terminplan nicht mehr, aber wenn ich abends mal zu Hause bin, dann versuche ich, immer eine Kleinigkeit für meine Liebsten zu zaubern und sie damit zu erfreuen. Und auch meine Facebook-Freunde profitieren von meinen Rezepten. Noch vor ein paar Jahren in unserer früheren Gemeinde kochte ich noch für 30 bis 40 Geburtstagsgäste. Da unser Pfarrer Anfang September seinen Geburtstag hatte und ich Anfang August, gab es meistens eine gemeinsame Feier, bevor die Arbeit in der Gemeinde begann. Unser großes Pfarrhaus damals war ideal zum Feiern. Einmal im Jahr brauchte ich das einfach. Nach der Menüplanung, Einkauf und Durchführung, stürzte ich mich gleich in die Vorbereitungen, wenn wir aus dem Urlaub kamen. Es war herrlich. Ich liebe es, an allen Lebensmitteln zu riechen, und eine Wachtel von ihren Knöchelchen auszulösen, ist ein köstliches Vergnügen. Gemüse klein zu schnippeln und einen Fisch zu filettieren, eine Wonne. Gastfreundschaft gehörte bei uns zu Hause einfach dazu, und man spürte die kroatischen Wurzeln. Wenn unangemeldet Gäste kamen, wurde einfach alles auf den Tisch gebracht, was der Kühlschrank zu bieten hatte, und vieles an Kochkünsten wurde mir von der Wiege an mitgegeben.

„Ob Ihr esst oder trinkt oder etwas anderes tut: Tut alles zu größeren Verherrlichung Gottes", heißt es bei Paulus in seinem Brief an die Korinther, und es ist wohl nicht zufällig, dass gerade Essen und Trinken als die alltäglichen Gegebenheit unseres Lebens genannt werden, mit denen wir Gott auch ehren sollen. Offensichtlich kann man durch das Genießen mit allen Sinnen Gott Ehre antun – und ihm zugleich auf den Geschmack kommen, seiner Freude und Liebe an den köstlichen Dingen, die er geschaffen hat. Das hat weder mit Luxus noch mit großem Aufwand zu tun. Der Unterscheid besteht darin, wie ich mit den Gaben des Schöpfung umgehe, ob ich ein Schnitzel in die Pfanne werfe oder ich es mit Phantasie so zubereite und anrichte, dass alle Sinne davon angeregt werden. Es hat mit einer inneren Wahrnehmung zu tun und einer aufrichtigen Dankbarkeit für das Geschaffene. Es muss gar nichts Besonderes sein, und darin besteht ja gerade die große Kunst. Warum mir die Rezepte der Gourmetküche gefallen, liegt einfach daran, dass man aus einfachen Produkten raffinierte Köstlichkeiten bereiten kann. Eine gekochte rote Beete, in dünne Scheiben geschnitten, mit Ingwer, Sesamöl, Zitronensaft und Sojasauce mariniert, ist ein herrliches Carpaccio. Gekochte Kichererbsen mit Knoblauch, Tahinipaste, Kreuzkümmel und Olivenöl püriert werden zu herrlichem Humus. Eine getrocknete Dattel, geschält, mit einer Füllung aus Frischkäse, Honig und Zimt gefüllt und in gerösteten und gehackten Pistazienkernen gewendet, schmeckt, als würdest du den Himmel auf der Zunge spüren. „Himmel im Mund", sagte ein früherer Kaplan, wenn es ihm besonders gut bei uns schmeckte. Und ein angebratenes Rinderfilet, bei 80 Grad zwei Stunden bei Niedrigtemperatur gegart, ist das zärtlichste Stück Fleisch, das man sich vorstellen kann. Wer nicht genießt, wird bald ungenießbar, hat jemand mal gesagt, und er hat Recht. Wenn meine Namenspatronin, die Hl. Teresa von Ávila meinte, dass Gott unter den Kochtöpfen zu finden ist, dann hat sie wohl Recht. Aber sie sagte auch, wir sollen immer zufrieden sein, egal was auf den Tisch kommt. „Wenn Fasten, dann Fasten, wenn Rebhuhn, dann Rebhuhn." Dankbarkeit und Zufriedenheit und alles Geschaffene mit Liebe und Hochachtung zu benutzen, ist wohl die größte Freude, die wir Gott machen können. Wer von Herzen dankbar ist, was Gott schenkt, wird eher bestrebt sein, mit denen zu teilen, die weniger haben, und er wird immer dazu Gelegenheit finden. Voller Freude war ich, als die Fernsehredaktion des Sankt Michaelsbundes anfragte, ob wir nicht eine gemeinsame Kochshow für ihre Online-Redaktion und das Internet-Portal von katholisch.de machen könnten. Ich sollte die Rezepte vorstellen und ihren Kollegen „Hendrik" anleiten, wie er die Gerichte zubereitet. „Super Idee", sagte ich, „wenn wir noch einen Termin finden?" Mein Herbstprogramm war mit 27 Vorträgen komplett voll, und ich hatte nur noch einen Tag im November, der nicht belegt war, um nach München zu kommen. Aber verrückt wie ich bin, sagte ich zu, denn Kochen ist nun mal eine Leidenschaft von mir. Damit war auch klar, wenn das klappen sollte, mussten wir an diesem einen Drehtag auch alle Gerichte fertig bekommen. Eine Küche wurde angemietet, und das Team hatte wie versprochen alle Vorbereitungen getroffen. Sie waren erst noch skeptisch, ob wir alles so schnell hinbekommen, auch wenn sie wussten, dass ich medienerfahren war. Fünf Gerichte hatten sie ausgesucht, die quer durch das Kirchenjahr passten, und ich muss gestehen, ich habe keines vorher ausprobieren können und einige bis dahin selbst nicht gekannt. „Priesterwürger", „Heißen und kalten Bischof", „Armer Mönch" und eine knusprig Weihnachtsgans sollte bereitet werden. Die Weihnachtsgans war kein Problem für mich, allerdings hatte ich diese Füllung noch nicht gemacht. Also hieß es kurz vor Dreh, Rezept durchlesen und es meinem Mitstreiter vor laufender Kamera erklären, und nebenbei etwas zum Kirchenjahr und Ursprung der Gerichte erzählen, oder von meiner Arbeit. Was hatten wir für einen Spaß, und gegen 16 Uhr hatten wir fünf Folgen launig-kurzweiliger und zugleich tiefsinniger Sendungen gedreht, die den Titel: „Kleine Häppchen mit Schwester Teresa" bekamen und inzwischen auf YouTube zu sehen sind. Im Vorspann sollte ich erst lächeln, einen Kochlöffel nach rechts schwenken und eine Schüssel in der linken Hand halten und einmal in der Schüssel rühren. Sie hatten eine Melodie eingespielt, und genau zum Schlussakkord sollte ich mit einem Auge zwinkern. Nach einer Probe war es im Kasten. Alle waren begeistert. Ich auch, und beim nächsten Gericht war ich froh, dass meine allerbeste Freundin dabei war. Pfarrer Franz war ins Museum gegangen, denn beim Kochen hätte er mir eh nicht helfen können. Als wir die „Priesterwürger" machten, fragte mich Hendrik plötzlich, wie lange man sie kocht. Ich hatte keine Ahnung, aber ein Blick zu „meiner Maria" rettete die Szene, denn eine Südtirolerin weiß, wie lange man Knödel kocht. „Priesterwürger" sind nichts anderes als leckere Käseknödel und angeblich hatte ein Priester zu viele davon verspeist und war daran gestorben. Das ganze Team war einfach gut drauf, und kaum eine Szene musste zweimal gedreht werden. Nur beim Abschlusstext, als ich auf die Email-Adressen hinweisen sollte, verhaspelte ich mich dermaßen, dass wir ständig einen Lachanfall bekamen. Ich war vor allem von ihrer Spezialkamera begeistert. Ein kleines Ding, das man ins Wasser legen konnte, und wenn wir in den Topf schauten, sah man uns durch das Wasser, oder sie wurde in die Gans gelegt, was ein toller Effekt war, als wir die Gans füllten. Dieser eine Tag bleibt ein unvergessenes Erlebnis. Im darauffolgenden Herbst bot ich in meiner Gemeinde einen Glaubens-Kochkurs an, der „Gerichte mit Geschichte" hieß, und nach der Einführung in Brauchtumskunde und Bedeutung auch von Biblischen Gerichten kochten wir mit 25 interessierten Frauen wahre Köstlichkeiten, passend zum Kirchenjahr, und unsere Pfarrer kamen dann zum Schluss zum gemeinsamen Essen dazu. Viel gelernt haben wir alle dabei. Was für eine Fülle uns Gott geschenkt hat! Immer wieder waren es die Kirche und die Klöster, die einen Reichtum an Rezepten bewahrt und entwickelt haben. Gott brachte mich immer wieder auf neue Ideen. Eigentlich hatte ich einem Verlag ein Kochbuch versprochen, aber der muss noch warten. Der Zeitaufwand ist einfach riesig. Ich bekam es zu spüren, als ich mich für die Zeitschrift „Tina" darauf einließ, ein dreigängiges Weihnachtsmenü zu kochen. Bei uns im Haus. Acht Stunden dauerte das ganze Prozedere. Denn bis alles gekocht war, die Speisen professionell angerichtet waren und das richtige Foto geschossen wurde, verging ein ganzer Tag. Zwischendurch wurden die Bilder nach Hamburg in den Verlag gemailt, und wir mussten auf die Zustimmung warteten. Die liebe Journalistin war eine Freundin, und sie brachte einen Profi-Fotografen mit, der schon für viele Kochbücher fotografiert hatte. Das Schöne war, dass wir viel Zeit in den Pausen hatten, viel über Gott gesprochen haben und ich ins Schwärmen kamen. Plötzlich fragte sie mich, was ich zuerst tun würde, wenn ich in den Himmel komme. „Oh, das weiß ich", kam es spontan aus mir heraus. „Ich werde vier Jahrhunderte lang auf dem Schoß vom lieben Gott sitzen und ihn knuddeln. Und dann werde ich zurückschauen und all die Steine sehen, die er mir aus dem Weg geräumt hat, all den Mist, den ich gemacht habe, all die Liebe, zu der ich nicht fähig war, und ich werde Rotz und Wasser heulen. Und dann wird Gott sagen „Ist ja alles gut". Ich werde dreimal schniefen und dann ist alles gut. Und bis ich dann mit allen Heiligen gebabbelt habe und mit meiner Ur-Ur-Großmutter, die ich noch nie kennengelernt habe. Das allein wird schon eine halbe Ewigkeit dauern, und dann werde ich vor Jesus stehen und darf mit Ihm Festmahl feiern. Wenn ich mit meinen eigenen Augen sehen darf, wie er das Brot in die Hand nimmt! Welch ein zarter Augenblick wird das sein!

Diese Gespräche haben uns sehr nahe gebracht und das Redaktionsteam der Zeitschrift Tina war über das Ergebnis begeistert. Ich kann Gott auch für diese Erfahrung nur danken.

Immer wieder sprechen mich Freunde darauf an, wann das Kochbuch endlich kommt. Gott alleine weiß es. Es fehlt mir noch die Zeit dazu. Meine wundervolle Gemeinschaft hat einen kleinen Trick, wie sie mir eine große Freude machen kann. An Weihnachten bekomme ich jedes Jahr einen Gutschein, für den ich an Sylvester ein mehrgängiges Menü kochen darf. Damit machen sie mir eine unbeschreibliche Freude. Die Silvesterabende, wo wir liebe Freunde einladen, haben inzwischen Kultstatus. Wenn ich mal in Rente bin oder keine Lust mehr habe, mich in meiner Kirche zu ärgern, träume ich von einem Restaurant mit nur einem Tisch. Entweder für ein Paar oder eine Familienfeier. Ich koche dann für liebe Menschen, und jeder gibt soviel, wie er kann. Das Geld spende ich für die Projekte, die mir am Herzen liegen. Ein einziger Tisch kreativer, köstlicher, mit Liebe zubereiteter Zärtlichkeiten. Oder man mietet mich und ich komme direkt zu den Menschen nach Hause. Schöööööööön.

Lebe und liebe
genieße und teile
freue dich und tröste
verzaubere und liebkose
erlebe und gebe
rieche und schmecke
sei verrückt nach dem Leben.

Nicht sehen und doch zärtlich glauben

Ich hatte mir eigentlich zu viel zugemutet, als ich nach Österreich eingeladen wurde. Aber oft merke ich das erst im Nachhinein. In vier Tagen hatte ich elf Vorträge gehalten, davon allein sechs beim katholischen Sender „Radio Maria", was für mich ein ganz großes und tiefes Erlebnis war. Nicht nur die Wärme des ganzen Teams, der liebevolle Umgang und das spürbare Gebet begeisterten mich. Auch die Gespräche mit vielen Anruferinnen und ihrem überwältigenden Feedback hatten mir viel Freude gemacht. Mit Schwester Claudia durfte ich während meiner Impulse auch singen, und wenn Claudia singt, geht mir immer das Herz auf. Pfarrer Franz saß während der ganzen Stunden neben mir und betete, gab mir kleine Tipps, die er auf Zettel schrieb, und stärkte mich in jedem Augenblick.

Als wir das Studio für die letzten Einheiten betraten, wurde gerade ein Interview mit einem Mann beendet, der mir auch vorgestellt wurde. Er strahlte über das ganze Gesicht, reichte mir die Hand und sagte, dass er „heute Abend zu meinem Vortrag komme wollte", der im Studenten-Café für die Veranstaltung „Theologie vom Fass" in Wien angekündigt war. Eine flüchtige Begegnung nur, seinen Namen hatte ich mir nicht behalten, aber ich freute mich, ihn abends wiederzusehen. Er kam knapp vor Beginn, saß in der ersten Reihe. Am Ende meiner Ausführungen war er der erste, der eine Bemerkung machte, was ihm gefallen hätte. Später kam er noch zu mir auf das kleine Podest und erzählte mir, dass er Therapeut sei und der letzte Sprecher vor mir in dieser Runde gewesen war. Irgendetwas an ihm faszinierte mich, aber ich konnte es nicht in Worte fassen. Nach wirklich anstrengenden Tagen wollte ich dann nur noch ins Hotel, denn auch am nächsten Tag standen drei Veranstaltungen auf dem Programm.

Auf unserer Heimfahrt Richtung Deutschland erfuhren wir dann, wer dieser Mann war: Marco Blumenreich!

Wir hatten eine Aufzeichnung von seinem Vortrag als Podcast eingeschaltet und konnten es einfach nicht fassen. Dieser nette, sympathisch aussehende Mann mittleren Alters hatte nicht nur eine unglaubliche Lebensgeschichte, er war von Geburt an blind! War er nicht mit dem Fahrrad zum Vortrag gekommen? Ich war fassungslos. Ich hatte es nicht bemerkt, keiner von uns hatte es bemerkt. Inzwischen weiß ich, dass er sofort widersprechen würde, wenn ihn jemand als blind bezeichnet, denn er „sieht anders"!

Wem war ich da begegnet? Er läuft ohne Blindenstock und „fühlt" die Treppenstufen, fährt mit dem Fahrrad durch Wien und läuft Marathon.

Immer bekomme ich Gänsehaut, wenn ich daran denke, was für einen Weg Gott mit ihm gegangen ist. Was für ein Schicksal! Besonders bemerkenswert finde ich, wie positiv er all das Schwere seines Lebens aus dem Glauben deutet, der ihn so stark gemacht hat.

Er wurde als blindes Kind in Mexiko geboren und nach seiner Geburt in einer Schachtel nach Amerika verkauft. Dort haben ihn seine Eltern, die Österreicher waren, adoptiert. Er wurde sehr streng erzogen, bekam ständig Prügel, weil seine Eltern nicht wollten, dass man merkt, dass mit ihm etwas nicht stimmte. Er musste in die normale Regelschule, durfte keine Blindenschrift lernen, und weil er nicht von der Tafel lesen konnte, galt er als nicht beschulbar.

Wie hat er die ganzen Schuljahre bis zur 9. Klasse ertragen?

Wie viele Verletzungen und Schürfwunden, wie viele Stürze und sogar eine lebensbedrohliche Phase hatte er überlebt, als er einen Wasserkopf bekam und um sein Leben rang! Zurück in Österreich steigerte sich das Drama, als ob nicht schon genug zu ertragen gewesen wäre. Mit 16 Jahren wurde er vor die Tür gesetzt, war obdachlos und erst mit 19 Jahren, nachdem ihm etwas vom Erbe gegeben wurde, ging er auf die Abendschule, lernte den Beruf eines Masseurs und studierte Psychologie. Inzwischen hat er eine eigene Praxis und kann so vielen Menschen helfen.

Seine einfühlsame, unbeschwerte fröhliche Art steckt an und ein Satz von ihm hat mich sehr tief berührt.

Er berichtete, dass er in der schlimmsten Phase seines Lebens, in der er „unter einem Schleier von Tränen lebte", innerlich einen Satz geschenkt bekam, der mir wahrscheinlich den Rest gegeben hätte. „Das ist das Beste, was ich für Dich habe" – na toll, lieber Gott!

Und was machte Marco aus diesem Satz, für den er auch einige Zeit brauchte, um ihn zu begreifen? Er vertraute sich diesem Satz an, oder dem, der hinter diesem Satz stand. Er nahm sein Schicksal an, wurde frei und stark. Wann immer er es brauchte, zog er sich nun zurück in den inneren Raum des Gebetes, der ihn beschützte.

Er beklagt sich über keine Phase seines Lebens. Man spürt keine Bitterkeit, im Gegenteil, er ist dankbar für diese Erfahrungen und gibt andern Mut. Er hat darauf verzichtet, seine Eltern zu verklagen, die sicher mit Unterstützung des Jugendamtes strafrechtlich verfolgt worden wären. Aber er wollte nicht „sein Leben kaputt machen". Auch wenn er dadurch sofort Geld gehabt hätte und von der Straße weggewesen wäre.

Er ging den Weg der Versöhnung und hat in seinem Studium eine wunderbare Erfahrung in einer persönlichen Therapie erlebt. Aber niemand kann das Wunder erklären, wie viel Gnade ihm innerlich geschenkt ist, so sein Leben zu meistern. Als ich ihn in einem späteren Telefonat fragte, wie er denn nur die Zeit auf der Straße überlebt und wo er denn geschlafen hätte, hat mich seine Antwort noch mehr erschüttert. Im Winter schlief er in den öffentlichen Toiletten in Linz, auch wenn es unangenehm war, aber es rettete ihn vor dem Erfrieren. Im Sommer dagegen genoss er die Freiheit im Stadtpark. Jeden Morgen um 4.15 Uhr stand er auf und ging zum Mariendom, setzte sich auf die Stufen und wartete auf das Glockengeläut. Als die drei tiefen Schläge kamen, wusste er: Alles wird gut!

Er sieht und fühlt anders. Viele können das nicht begreifen, auch Blinde nicht, und er erfährt sogar Neid, weil er keinen Blindenstock benützt. Sein Gehör ist so trainiert und sein Vertrauen in Gott ist so groß.

Als ich ihn anrief, um ihn zu fragen, ob ich über ihn schreiben darf, und seine Stimme hörte, war so viel Wärme in meinem Herzen. Seine spürbare Freude, mich zu hören, war für mich bewegend. Im Hintergrund hörte ich Zuggeräusche, und ich stellte mir vor, er steht da irgendwo in Wien, mit dem Handy in der Hand und alle, die an ihm vorübergehen, können nicht ahnen, das da ein ganz Großer steht, der mit den Augen Gottes sieht.

Wie können Menschen solche Schicksalsschläge ertragen? Ich kenne so viele verbitterte Menschen, und bei manchen kann ich verstehen, dass sie abgerutscht sind. Woher die Kraft nehmen, Unerträgliches zu ertragen? Am Ende von meinem neuesten Vortrag: „Jeder ist normal, bis du ihn kennst" ermuntere ich die Menschen, Gott zu vertrauen, auch wenn das eigene Leben nicht so normal verlaufen ist, wie man es sich gewünscht hätte. Ich möchte einen liebenswerten Menschen vorstellen, der mir selbst an manchen Tagen Kraft gibt, wenn ich wieder ins Auto steigen und 500 km fahren muss. Er ist mein Vorbild geworden. Es ist Nick Vujicic, der ohne Arme und Beine auf die Welt kam. Seine Mutter konnte ihn nach der Geburt nicht mal in den Arm nehmen. Die ganze Gemeinde weinte, als er geboren wurde, er war der Sohn des evangelischen Pastors. Nick wusste schon als Kind, dass er immer auf Hilfe angewiesen sein würde. Er glaubte, nie heiraten zu können, schließlich könnte er seiner Frau nicht mal die Hand halten. Als Kind wollte er sich schon öfters das Leben nehmen, und in der Schule wurde er oft gemobbt. Er beschloss, an Gott zu glauben, wenn dieser Gott ihm antwortet, warum er dieses Schicksal ertragen muss.

Als er zwölf Jahre war, so schreibt er in seiner Biographie, hat Gott ihm geantwortet. Er sprach zu ihm: „Nick, vertraue mir." Es ist spannend und berührend zugleich. Nick vertraute Gott und jetzt gibt er Millionen Menschen Hoffnung. Er füllt Hallen mit tausenden Besuchern und gibt die frohe Botschaft weiter. „Wenn Du nicht an Wunder glaubst, sei selber eins", ist sein beeindruckendes Zeugnis. Vor allem gibt er an Schulen jungen Menschen Trost und Halt, die selbst gemobbt werden und sich unwert fühlen. Er hat mit seinem Vater an allem getüftelt, wie er sich selbstständig helfen kann. Er geht allein auf die Toilette, rasiert sich, und mit seinem kleinen Fuß mit zwei Zehen kann er am PC arbeiten. Er hat eine bezaubernde Frau geheiratet, und sie haben inzwischen zwei Kinder, wundervolle Kinder. Er surft, spielt Golf und liebt Jesus. Was für ein Botschafter Gottes in unserer Zeit.

Ein zärtlicher Gedanke nur für Dich.
Damit Du lächelst.
Weil es heute schwer war.
Anstrengend.
Weil Du missverstanden wurdest.
Übersehen.
Ausgelacht.
Weil niemand gefragt hat, wie Du Dich fühlst.
Verletzt wurdest.
Keine Kraft mehr hattest, freundlich zu sein.
Alles schiefging.
Es regnete und brutal kalt war.
Dir niemand gesagt hat, wie wichtig Du bist.
Ein Gedanke für Dich.
Damit Du getröstet bist.
Weil Du allein erziehen musst.
Alleine alles ausbaden musst.
Zu wütend bist.
Niemand sieht, was noch zu machen ist.
Neid spürst.
Nur noch weg willst.
Dich unwohl fühlst.
Weil Du Schmerzen hast.
Ein Gedanke für Dich.
Damit Du großzügig bist.
Weil Dein Tag erfolgreich war.
Du geliebt wurdest.
Verwöhnt.
Zeit für Dich hattest.
Weil man Dir ein Kompliment gemacht hat.
Weil das Leben so wunderschön ist.
Weil es gar nicht schwer war, die Aufgaben zu erledigen.
Ein Gedanke aus meinem Herzen.
Für Dich und Dich.
Sei behütet.

Der zärtliche Jesus

Ich liebe Weihnachten und könnte stundenlang an der Krippe sitzen. Immer wieder bin ich fasziniert davon, dass dieser große, mächtige und gewaltige Gott so klein wie ein Baby wurde. Die Menschwerdung Gottes ist für mich einfach unbegreiflich schön. Als ich noch ganz frisch im Glauben war, hatte ein junger Priester versucht, mir dieses Wunder mit einem Vergleich zu erklären. Aber er warnte mich, seine Erklärung würde sehr „krass" werden: „Stell Dir vor, Teresa" meinte er, „Du würdest als Ferkel geboren. Du würdest in einem Schweinestall leben und das Leben eines Ferkels führen, wüsstest aber tief in Dir, Du bist ein Mensch! Und jetzt stell Dir Jesus vor, er lebte unter den Menschen – und wir wissen ja, zu was Menschen alles fähig sind – aber ER weiß, dass er Gott ist!" Ich fand dieses Bild damals wirklich krass, aber es hat mich auch fasziniert.

Ich weiß nicht, was im Himmel losgewesen sein muss, als Gott Mensch geworden ist. Dass die Hirten sich vor Angst in die Hose machten, ist nur verständlich. Da schaust du verträumt in den Sternenhimmel, döst vor dich hin, bist froh, dass deine Schafe einigermaßen Ruhe geben, und plötzlich wirst du durch ein Licht und einen Engel aus deinem Alltag herausgerissen. Da hört man dann die Engel singen, die einen erst mal von dem Schrecken beruhigen müssen, dass man nichts zu befürchten hat. Im Gegenteil, mit einer frohen Botschaft wird die Freude verbreitet, dass da ein Kind geboren wurde, das alle retten wird. Es ist das unbegreiflichste Geheimnis auf dieser Erde! Jahrtausendelang knien Gläubige vor einer Krippe und staunen über das kleine Bobbelchen. Und dieses Kind hatte es weiß Gott nicht leicht.

Ein stinkender Stall als Geburtsort, eine mit Krisen begonnene Partnerschaft der Eltern, als Kind mit seinen Eltern auf der Flucht vor Verfolgung. Mit zwölf Jahren reißt er aus und wird erst nach Tagen wiedergefunden. Später lebt er mit seiner Mutter in einem umstrittenen Provinznest. Als junger Mann schmeißt er plötzlich seinen Job hin, tingelt drei Jahre ohne festes Einkommen durch die Gegend und verführt andere, alles stehen und liegen zu lassen und ihm zu folgen. Er legt sich mit den Führern seiner Religion an und provoziert mit spektakulären Auftritten. Hat Umgang mit gesellschaftlichen Außenseitern und bricht Gesetze. Ein Träumer, der an das Gute im Menschen glaubt und „von der Wange hinhalten" redet. Er verweigert jede Aussage vor Gericht, erklärt sich zum König und wird zum Tode verurteilt. Er wird gefoltert und stirbt brutal wie ein Verbrecher am Kreuz und hinterlässt ein Erdbeben. Er wird begraben und das war's. Was für eine Biographie! – Und was für eine Schlagzeile, würde das in unserer heutigen Zeit passieren. Er war eben kein Normalsterblicher. Auch nach seinem Tode gab er keine Ruhe. Kam zurück, hinterließ ein leeres Grab und machte mit einem mächtigen Getöse und stürmischer Berührung aus verängstigten Feiglingen mutige Botschafter seiner Liebe. Sie fanden eine neue Sprache, um immer mehr Menschen zu seinen Freunden zu machen. Er ließ seine BeGEISTerung auf der Erde zurück, bevor er spurlos in den Wolken verschwand. Warum seit 2000 Jahren immer noch Menschen an ihn glauben? Weil ER hier ist. Erfahrbar. Lebendig. Er fasziniert und infiziert Menschen, sich auf Seine Freundschaft einzulassen.

Ich bin so eine infizierte Freundin von IHM geworden und werde nicht müde, anderen von meiner Begeisterung zu erzählen. Er hat mein Leben verändert, meine Pläne auf den Kopf gestellt. Er schafft es immer wieder, meinen Pulsschlag zu erhöhen. Er ließ mich ein Buch öffnen, die Bibel, deren Worte mich zu einem Schatz führten. Eine Schatzkarte, wie ich jeden Tag neuen Mut, neue Hoffnung, Glauben und neue Liebe finde. Da entdecke ich einen ganz zärtlichen jungen Menschen, der nur ein Wort sprechen musste, und die Menschen waren berührt. Ich entdecke einen Mann, der die Frauen ansah und ihnen Respekt und Ansehen schenkte.

Der mit seiner Zärtlichkeit Kranke heilte, Kinder umarmte, Tote erweckte. Der selbst zum Aufstand für das Leben
wurde und lebendig ist. Der verliebt war in die Kinder, in
die Armen und Schwachen. Der so viel Barmherzigkeit
zeigte, Schuld vergab und zur Versöhnung ermutigte. Der
sich voller Erbarmen dem Sünder zuwendete und in jeder
Faser seines Lebens mit der größten Hingabe liebte, zu der
ein Mensch je fähig war. Der behutsam war und ausgelassen
feiern konnte. Der die Stille liebte und zugleich Menschen-
massen mit seiner Ausstrahlung anzog. Seit Jesus Mensch
geworden ist, trägt jedes menschliche Antlitz seine Züge.
Darum werde ich nicht müde, mich jeden Tag ins Auto zu
setzen und zum nächsten Vortrag zu fahren. Jeden Tag auf's
Neue von Seiner Liebe zu sprechen.

Davon zu sprechen, „dass wir Menschen Gottes größter
Schatz sind"! Für uns hat er diese wundervolle Welt geschaffen und gab uns zwei Kostbarkeiten, damit wir nie vergessen, wie wertvoll wir IHM sind. Das Erste ist sein über alles
geliebter Sohn. Dieser Sohn hat sich so sehr in die Menschen
verliebt, dass er fähig war, am Kreuz zu sagen: „Vater, vergib
ihnen, sie wissen nicht, was sie tun!". Na ja, er hätte ja auch
sagen können: „Hat kein Sinn! Schick sie alle in die Hölle."
Aber er hat sich in die Menschen verliebt, obwohl er ihre
ganze Brutalität erlebt hat. Was das bedeutet, ist mir vor
einigen Jahren neu aufgegangen, als ich in Auschwitz war.
Ich war in dem Hof, in dem Menschen sinnlos erschossen
wurden. Nicht, weil sie was falsch gemacht hatten, nur, weil
sie zufällig vorbei gingen. Willkürlich ermordet. Stellen Sie
sich vor, Ihr Kind würde aus Ihren Armen gerissen und sollte erschossen werden! Würden Sie nicht aufschreien und
flehen: „Halt, nimm mich! Lass mein Kind leben!"? Genau
das hat Christus getan. Stellvertretend für jeden Sünder
und jede Sünde hat ER den Platz eingenommen. Das ist die
frohe christliche Botschaft! Aber Gott gab uns noch etwas
Schönes, und das ist die Freiheit. Wir können alles selber
entscheiden. Was wir gerade denken, mit wem wir unser

Leben teilen, was wir heute essen. Gott hat so einen Respekt vor unserer Freiheit. Er würde nie in unser Leben kommen, wenn wir IHM das nicht erlauben. Gott ist ein Gentleman. Er will keine Sklaven auf Erden, sondern sehnt sich danach, dass wir ihm freiwillig folgen, und deshalb drängt ER sich nicht auf.

Manchmal denke ich schon, ER könnte sich ein bisschen mehr blicken lassen in dieser Welt. Vielleicht gerade jetzt in der Ukraine, Syrien, oder beim nächsten Champions League-Spiel. Da könnte ER doch mal am Himmelszelt seine ganze Macht und Herrlichkeit zeigen. Alle Welt würde sehen, dass es Gott gibt, und alle würden sich bekehren! Wäre das wirklich so? Würden wir Menschen wirklich nicht aus Angst leben, sondern aus Liebe? Wenn wir eine Macht erleben könnten, die das Universum erschaffen hat? Ich glaube aus Angst, und deswegen kam Gott nicht so spektakulär in diese Welt! Er kam als kleines „Bobbelchen", vor dem sich niemand fürchtete. Ins letzte Kaff der Welt, nach Bethlehem. Damit sich keiner erschrickt. Und dieses Kind wurde erwachsen und sagte eine Tages: „Wenn Du wissen willst, wie Dein Gott ist? Wer mich sieht, sieht den Vater."

Oft werde ich gefragt, wie ich das alles nur schaffe? All die vielen Vortragstermine, die Kindergottesdienste, Bücher schreiben, usw.. Eine evangelische Pfarrerin hat es einmal treffend gesagt: „Schwester Teresa, Sie haben mich so tief berührt und mir ist ganz klar geworden, dass Gott es ist, der Ihnen alle Kraft und Ausstrahlung gibt. Das kann ein Mensch gar nicht von sich aus leisten."

Ich hatte Tränen in den Augen. Ja, so ist es. Ich bin nur eine kleine, dicke Schwester, die verliebt in diesen Gott ist, der mich benutzt, um sein kleines Werkzeug zu sein. Für jede Anstrengung, jeden körperlichen und seelischen Schmerz belohnt er mich mit großer Freude und so vielen Gaben. Ich darf Menschen Mut machen, ihnen Lebenshilfe und Befreiung schenken. Ich darf ihnen von diesem wundervollen Gott erzählen und von meiner verrückten Lebens-

und Glaubensgeschichte. Einmal begann ich meiner liebsten Freundin von meinen Lieblingsevangelien zu schreiben, und es wurde ein neues Buch daraus. Ich versuchte, mich in die Bibelgeschichten zu vertiefen, als wäre ich selbst dabei gewesen. „Ihm nahe sein" wollte ich, und es wurden kleine Betrachtungen, die mich selbst zum Staunen bringen. Wie bei seinem letzten Abendmahl:

„... Er wusste, dass sie nicht ohne ihn sein konnten. Nie könnte die Gemeinschaft, die er erschaffen wollte, nur durch das Zeugnis über sein Leben oder seine Worte oder gar die Wunder Bestand haben. Menschen vergessen schnell, alles kann in Frage gestellt werden, Interpretationen seine Botschaft verfälschen. Er wusste, dass er ihnen ein Zeichen hinterlassen musste, ein Zeichen zum Abschied und Geschenk und für die ganze Welt, dessen Ausmaß sie nie und nimmer in dieser Nacht begreifen würden. Er nahm das Brot. Er dankte. Er brach es. ,Dies ist mein Leib.' Er nahm den Wein. Dankte erneut: ,Dies ist mein Blut, das für Euch vergossen wurde, zur Vergebung der Sünden. Tut dies zum Gedächtnis an mich.'

Niemand konnte ahnen, wie er sich fühlte. Er selbst war in Seiner ganzen Person unter ihnen, und Er hatte eine neue Gestalt angenommen. Er wurde zum Lebens-mittel, zur unerschöpflichen Quelle, zum Brot des Himmels.

Er war in beiderlei Gestalten da. Leibhaftig und zeichenhaft. Doch niemand als er selbst wusste um die Bedeutung, wusste um das, was der Mittelpunkt seiner Kirche sein würde. Er hatte Himmel und Erde vereint, verbunden, transzendent gemacht. Er spürte es, spürte, dass er nun wusste, was Mensch und Gott ist. Da sein und weg sein. Nur sie wussten es nicht. Sie waren verwundert, überrascht, dass er die strengen Rituale veränderte. Brot brach und weitergab, Seinen eigenen Becher herumreichte. Es war zu neu, zu frisch. Sein Fleisch? Sein Blut? Und während sie übergingen, das Lamm zu essen und ausgelassen zu feiern, die Rettung aus Ägypten, der Sklaverei zu feiern, saß ihr Retter unter ihnen."

Viele liebe Rückmeldungen bekomme ich durch Menschen, und ich weiß, dass ich damit oft verwöhnt werde. Ich freue mich darüber, aber nie würde ich mir das selbst zuschreiben. Ich liebe Jesus und bin dankbar für meine Berufung. Genieße es, ein Kind Gottes und ein Kind meiner Kirche sein zu dürfen. Möchte auch weiterhin überschwänglich leben und lieben und so viel Leben vom Leben genießen, wie ich nur kann. Möchte zärtlich zu allen sein, mit meinen Worten und Taten und, wenn es irgendwie geht, Menschen froh machen. Möchte zur Ehre Gottes leben und erkenne so viele Schwächen in mir, und dass ich auf das Wohlwollen anderer angewiesen bin.

Vielleicht haben Sie Gott nie so zärtlich erlebt, sind enttäuscht von der Kirche und seinem Bodenpersonal. Vielleicht haben Sie die Nase voll von Religionen und sind wütend, was man im Namen Gottes alles getrieben hat. Fühlen sich vielleicht ausgegrenzt und vor den Kopf gestoßen von den vielen Machenschaften der Kirche und sind von den Missbrauchsfällen angewidert. Vielleicht sind Sie verletzt worden, und der Schmerz will nicht heilen. Sind enttäuscht vom Leben, ihren Partnern, der ganzen Welt. Sind hungrig nach Anerkennung oder einem einzigen lieben Wort. Vielleicht haben Sie Schmerzen und hadern mit Ihrem Schicksal, sind sterbenskrank oder andere machen Sie krank. So gerne würde ich Ihnen etwas Gutes tun. Möchte Sie um Verzeihung bitten. Möchte das bisschen Leben und Glück, was ich habe, teilen. Möchte gerne für Sie beten. Möchte Ihnen zusprechen, wie wertvoll Sie sind. Möchte hoffen, dass Sie sich niemals ungeliebt fühlen müssen, und wenn, dass Sie getröstet werden.

Aber ich weiß, ich kann das viele Leid dieser Welt nicht ändern. Ich kann nur versuchen, jeden Tag ein bisschen mehr zu lieben. Und wenn ein Mensch, der mir begegnet, wieder Hoffnung hat, so hat sich mein Leben gelohnt. Und das verspreche ich Ihnen und meinem Gott, jeden Tag zu versuchen, die Welt ein klein wenig zu verzaubern.

Seien Sie alle mit Zärtlichkeit umarmt.

Hört mich an:
Jesus war mein Leben!
Er ist mein Leben.
Er ist mein Freund.

Ich durfte IHM
ganz nah sein.
Seinen Herzschlag
vergesse ich nicht.

ER war mein Heiland.
ER war mein Lehrer.
ER war mein Stolz,
mein Leben, meine Zuversicht.

ER ist die Wahrheit.
ER ist die Freiheit.
ER ist ganz Liebe,
Gottes- und Menschensohn.

ER war im Tode.
ER war verloren.
ER ist erstanden.
ER lebt, in Dir und Mir.

ER ist die Zukunft.
ER ist das Leben.
Öffnet die Augen.
Seht: ER ist hier.

Ich spüre noch
seinen Atem.
Sein Lächeln,
wenn ER liebt.

Die Zärtlichkeit
Seiner Worte,
wenn ER den
Menschen vergibt.

Ich höre noch seine Stimme.
SEIN Glauben, wenn ER heilt.
Das Schweigen Seiner Gebete, wenn Er den Schwachen zu
Hilfe eilt.

Ich sehe IHN noch sterben,
einfach umgebracht.
Doch ich sah IHN lebendig.
ER hat es geschafft.

Ich sehe Schwestern und Brüder.
Die Gemeinschaft entsteht.
Damit Seine Botschaft
der Liebe weitergeht.

Lied von Johannes, dem Lieblingsjünger,
aus meinem Musical „Ekklesia"